シリーズ「遺跡を学ぶ」022

筑紫政権からヤマト政権へ

豊前石塚山古墳〈改訂版〉

長嶺正秀

新泉社

筑紫政権からヤマト政権へ

―豊前石塚山古墳〈改訂版〉―

長嶺正秀

【目次】

編集委員
勅使河原彰（代表）
小野　昭
石川日出志
小野正敏
佐々木憲一
小澤　毅

装幀　新谷雅宣
本文図版　松澤利絵

第1章　豊前の初期前方後円墳

1　周防灘を望む地

東西に長い瀬戸内海の西の端にある周防灘《すおうなだ》は、北を山口県に接し、西から南にかけては北部九州の福岡県・大分県に接している。この周防灘のまさに西端、福岡県京都郡苅田町《みやこぐんかんだまち》の旧海岸線近くに、一つの前方後円墳がある。名前を石塚山古墳《いしづかやまこふん》という（図1・2）。「福岡県の」というと、博多《はかた》を代表として玄界灘《げんかいなだ》に面し朝鮮半島・大陸へとつづく西にひらけたイメージが強いが、ここは旧国名を使って「豊前《ぶぜん》の」石塚山古墳とよんだほうがしっくりくるだろう。

石塚山古墳の前方部は東の瀬戸内海側に、後円部は西の山側にある。古墳の北側は、殿川《とのがわ》とよばれる小河川が東流して遠浅の周防灘へと流れ、古墳築造当時、そこは小さな湾状を呈していたと容易に推察される。山側から低く伸びた舌状《ぜつじょう》の低丘陵（標高約一〇～一五メートル）の先端近く、尾根の中央やや北に古墳は築造された（図3）。

図1 ● 石塚山古墳
1980年撮影の航空写真。左側が後円部。前方部に浮殿神社の社殿が見える。左上方の白い建物は苅田町役場。

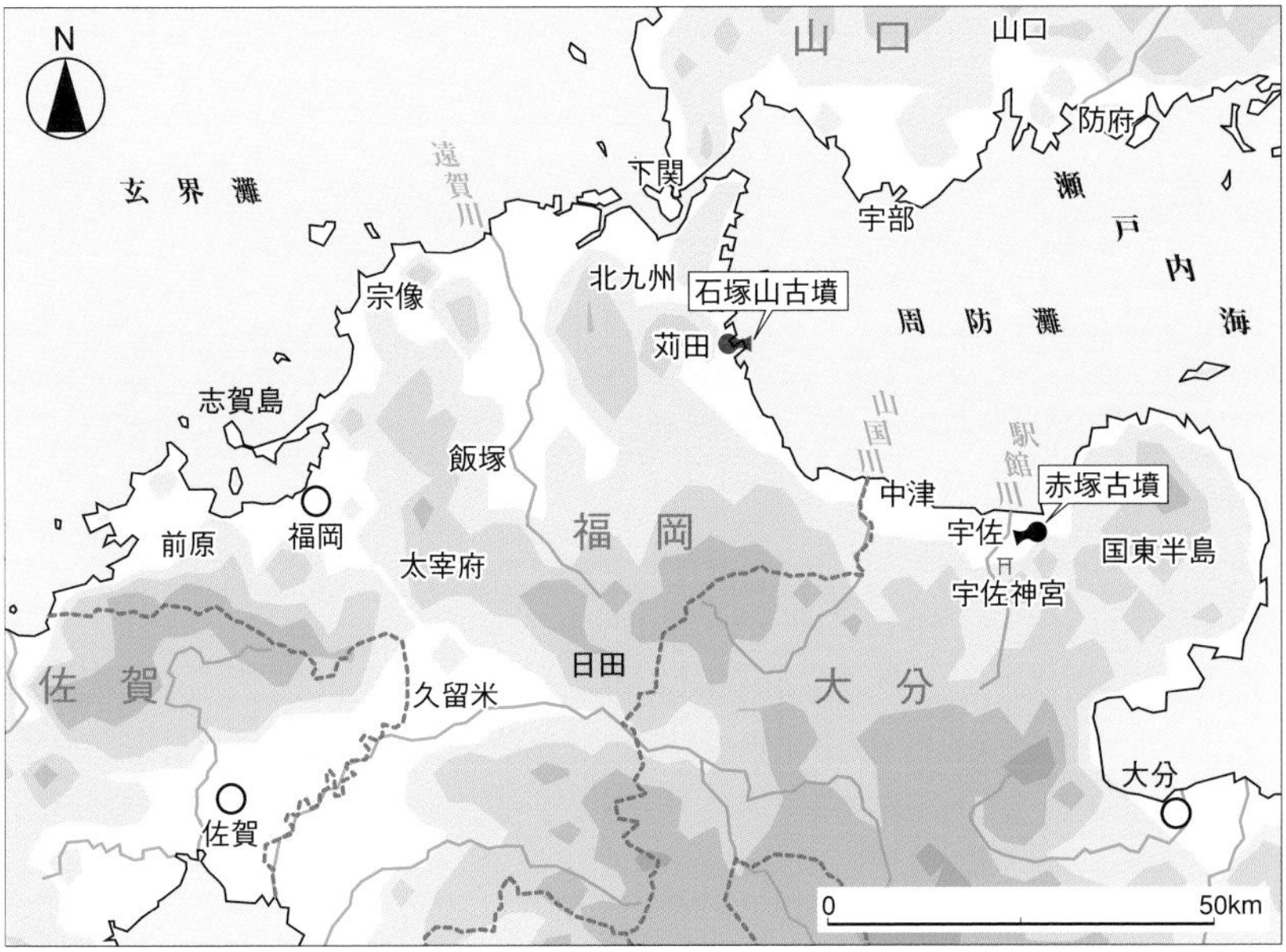

図2 ● 石塚山古墳とその周辺

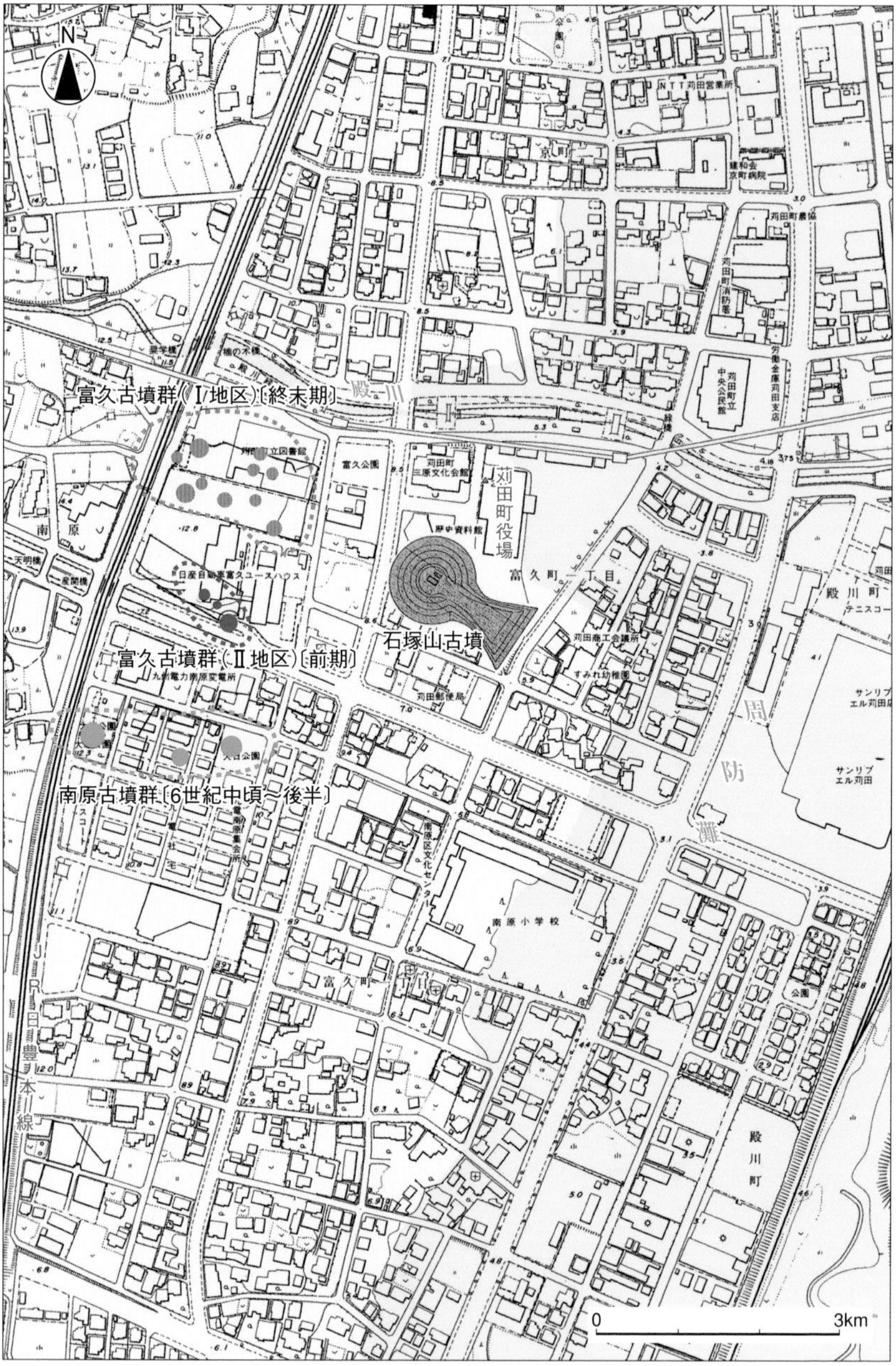

図3 ● 石塚山古墳築造当時の海岸線復元（黄色の部分が当時の陸地）
西側には前期から終末期までの円墳群が築造されている。

古墳の全長は約一三〇メートル、後円部径は約八〇メートルで、北部九州では最大、最古の定型化した前方後円墳として古くから知られていた。後円部は三段に、前方部は二段に築成され、ほぼ全面に人頭大の石を葺いている。墳丘《ふんきゅう》全面に葺石《ふきいし》があることが「石塚山」の名称の由来であろう。

2　畿内文化の特徴をもった古墳

石塚山古墳は、畿内文化の特徴を色濃くもった初期前方後円墳である。それは、墳丘が定型化した前方後円墳であること、主体部が竪穴式石槨《たてあなしきせっかく》であること、そして三角縁神獣鏡《さんかくぶちしんじゅうきょう》を副葬品とすることの三要素である。

墳丘の三段築造

前方後円墳はまず畿内で創出され、しばらくすると九州から東北地方を含めた広範囲に築造される。その際、奈良県の箸墓《はしはか》古墳などの前方後円墳の形を厳格に規格化して、それをモデルにして各地の前方後円墳がつくられていった。

古墳時代前期から中期の約二〇〇年間にわたって、大型の前方後円墳は三段築造の原理が忠実にまもられた。石塚山古墳も後円部は三段築造であり、墳丘が「定型化した」前方後円墳である。

竪穴式石槨

後円部のほぼ中央に、主軸にほぼ平行して竪穴式石槨（第一主体部）が確認されている。竪穴式石槨とは、古墳の埋葬施設の形式のひとつである。竪穴式石室《せきしつ》ともいうが、古墳時代前・中期の石室は棺《かん》と壁の間が狭く、石室とよぶよりも石槨とよぶほうがふさわしいという意見もあり、本書では石槨とよぶことにしよう。

棺の周囲に割石《わりいし》を積み上げ長方形の壁体をつくり、上を数個の扁平な天井石《てんじょういし》で密閉する構造である。石槨の内部の長さは五～八メートル、幅一・五～二メートル、深さ一～三メートルほどであり、これが主体部の槨に該当する。槨の内部床面は粘土床《ねんどしょう》で一段高くし、その上に被葬者を入れた割竹形《わりだけがた》の木棺《もっかん》を備え付けている。石槨・木棺の内部は朱で塗り込まれ、蓋石《ふたいし》で密閉することを原則とする。

地方では、このような構造の主体部は、畿内の影響を受けた古墳に採用されることが多い。

三角縁神獣鏡

三角縁神獣鏡は、中国の神話や物語に登場する西王母《せいおうぼ》・東王父《とうおうふ》や神仙《しんせん》、天を守護する獣像《じゅうぞう》を浮き彫りふうに表現した神獣鏡の一種。神獣鏡や画文帯《がもんたい》神獣鏡とは異なり、次の六つの条件を満たすものに限る。

1　径が二一～二三センチ大のものが多く平均二二・三センチ、まれに径一九センチや二五センチのものがある。

2　縁の断面が三角形を呈している。

3　主文帯は、四または六個の乳《にゅう》によって等間隔に区画され、その間に神像と獣像を求心式か同向式に配置する。

4　内区《ないく》の副圏帯《ふくけんたい》には銘帯《めいたい》・唐草文帯《からくさもんたい》・獣帯《じゅうたい》・波状文帯《はじょうもんたい》・鋸歯文帯《きょしもんたい》のいずれかが多い。

5　銘文は七字句数種と四字句一種がある。

6　外区《がいく》は、鋸歯文帯↓複線波文帯《ふくせんはもんたい》↓鋸歯文帯の三圏帯からなる。

さらに、内区の主文帯各像は、二像並座式、三尊型式などさまざまである。なかには画像鏡にみる車馬や騎兵像・博山炉《はくさんろ》などを神像のかわりに配置するもの、画文帯神獣鏡をそのまま写したものもある。内区の主文帯と副文帯は、鋸歯文帯の圏帯でわける。

三角縁神獣鏡には舶載鏡《はくさいきょう》（中国製鏡）と仿製鏡《ぼうせいきょう》（倭製鏡）があり、たんに三角縁神獣鏡とよぶ場合、すべて舶載鏡をさす。このほかに三角縁神獣鏡は、同じ鋳型でつくられた同笵《どうはん》（同型）鏡が存在し、多い場合は、同笵鏡が一〇面見つかっている。

これまで列島内では、三角縁神獣鏡が五五〇面ほど確認されている。鏡背《きょうはい》内区外周の銘文に「陳氏」「張氏」「王氏」などの中国人作者銘があり、また「銅出徐州、師出洛陽」などの銘文は、徐州の銅を用いて洛陽の工房でつくっていることを示唆している。

中国で「徐州」と「洛陽」のふたつの地名が同時に用いられた時期は、魏《ぎ》・晋《しん》代に限られる。また「師」という文字は晋の祖、司馬師《しばし》の諱《いみな》で、晋代にはその文字の使用を避けており、この銘文をもつ鏡は魏代に限られる。

銘文のなかに「景初三年」や「正始元年」という魏の年号を用いた三角縁神獣鏡がある。景初三年（二三九）は女王卑弥呼《ひみこ》がはじめて魏に使者を派遣した年で、正始元年（二四〇）は、その使者が下賜品を携えて帰国し、卑弥呼が正式に冊封《さくほう》された年に該当する。こうしたことから、魏志倭人伝にある卑弥呼に下賜された「銅鏡百枚」は三角縁神獣鏡であった蓋然性がきわめて高いといわれるが、近年はそれに先行する神獣鏡や画文帯神獣鏡とする研究者が多くなってきている。

なぜ豊前に初期前方後円墳が

このように石塚山古墳は畿内文化の特徴を色濃くもつ古墳であるが、石塚山古墳が築造される前夜、弥生時代終末期の豊前地方は、まだ北部九州に初期筑紫連合政権が力をもっており、当該地方もその影響下にあった。したがって、北部九州では前方後円墳に相当するような巨大な建造物の蓄積は、それまでなかった。

では、三世紀末ごろになって、なぜ、このような巨大な記念碑が、この地に築造されたのであろうか。本書では、近年おこなわれた石塚山古墳の発掘調査でわかったことを解説しながら、日本列島内にとどまらず、東アジア全体に広がるこの時期の大きな政治の流れのなかで、石塚山古墳のもつ意味をさぐっていこう。

第2章　石塚山古墳を掘る

1　歴史に翻弄された古墳

天井石が水路の蓋石に

さきに述べたように、石塚山古墳の後円部のほぼ中央に、主軸にほぼ平行して竪穴式石槨（第一主体部）が確認されている。この第一主体部は、江戸時代の一七九六年（寛政八）に開口しており、そのことが豊前国の小倉藩領京都郡南原村《みなみばるむら》の庄屋銀助《しょうやぎんすけ》の書状『御当家末書《ごとうけまっしょ》』「寛政八年　小倉領《こくらりょう》鏡劔《かがみつるぎ》掘出候事《ほりだしそうろうこと》」に記されている（図4）。

庄屋銀助の書状を要約すると、水路に蓋をする大きな石が必要となったため、古墳の頂上の平石を使おうと動かした。すると、深さ三尺あまり（約九九センチ）、上の横幅二尺あまり（約六六センチ）、下の横幅三尺あまり（約九九センチ）、長さ三間あまり（約五・四メートル）の長大な石垣で囲まれた空間があったという。これが、石槨の内部を伝える資料である。

このとき石槨内からは、十数面の三角縁神獣鏡、銅鏃《どうぞく》、素《そ》環頭大刀《かんとうのたち》などの副葬品が出土したという（「寛政八年　小倉領鏡劔掘出候事」には銅鏡一一面、「小倉神社縁起辯」には銅鏡一二面、「宇原《うはら》神社由来抜書」には銅鏡一四面とある）。

これらの副葬品は、地元の南原村や神社などに散在していたが、戦後になって、京都大学の研究者や文化庁の影響を受けた地元宇原神社の宮司廣瀬正美《ひろせまさみ》知《ち》の奔走によって集められ、三角縁神獣鏡七面、素環頭大刀残欠、銅鏃などが宇原神社に一括して保管された。その後、同宮司の尽力によって修復され、一九五三年に国指定重要文化財となっている。なお一部の副葬品は不明である。

大正時代に最初の調査

石塚山古墳の最初の調査は意外に古く、一九二四年（大正一三）、福岡県内務部社寺兵事課に所属していた島田寅次郎《とらじろう》と京都帝国大学の梅原末治《うめはらすえじ》の報告

図４●「寛政八年　小倉領鏡劔掘出候事」
原本は、福岡県立豊津高等学校・小笠原文庫に保管されている。
この文書に庄屋銀助が報告した記述がある。

がある。そのなかで島田は石塚山古墳の重要性を報告し、梅原は墳丘とあわせて副葬品について卓越した考察をおこなっている。

梅原の報告によれば、墳丘は「前後の長径約五〇間（約九〇メートル）、前方の幅一五間（約二七メートル）、後円部はこれに倍加し、高さ五間（約九メートル）を測る可く、前方部削平の為ではあらうが、後円部が特に大きく感じられ、同部の北側には封土の三段築成の痕迹が可なりはつきりと遺つてゐる。従つて前方部はもと二段となつてゐたであらう」という状態であった。

この時点で古墳は、江戸時代に古墳前方部にある浮殿《うきどの》神社の社殿が造成された際と、その後の土取りによって前方部の墳頂部と後円部の一部が削平を受けた程度であった（図5）。つまり両氏は、今は失われた古墳本来の姿を目の当たりにしていたのである。

戦時体制下での破壊

石塚山古墳の墳丘が大きく削平を受けたのは、一九三八年（昭和一三）に、苅田港の築港が閣議決定されて以後のことである。

それまでの苅田港は、小舟がわずかに繋

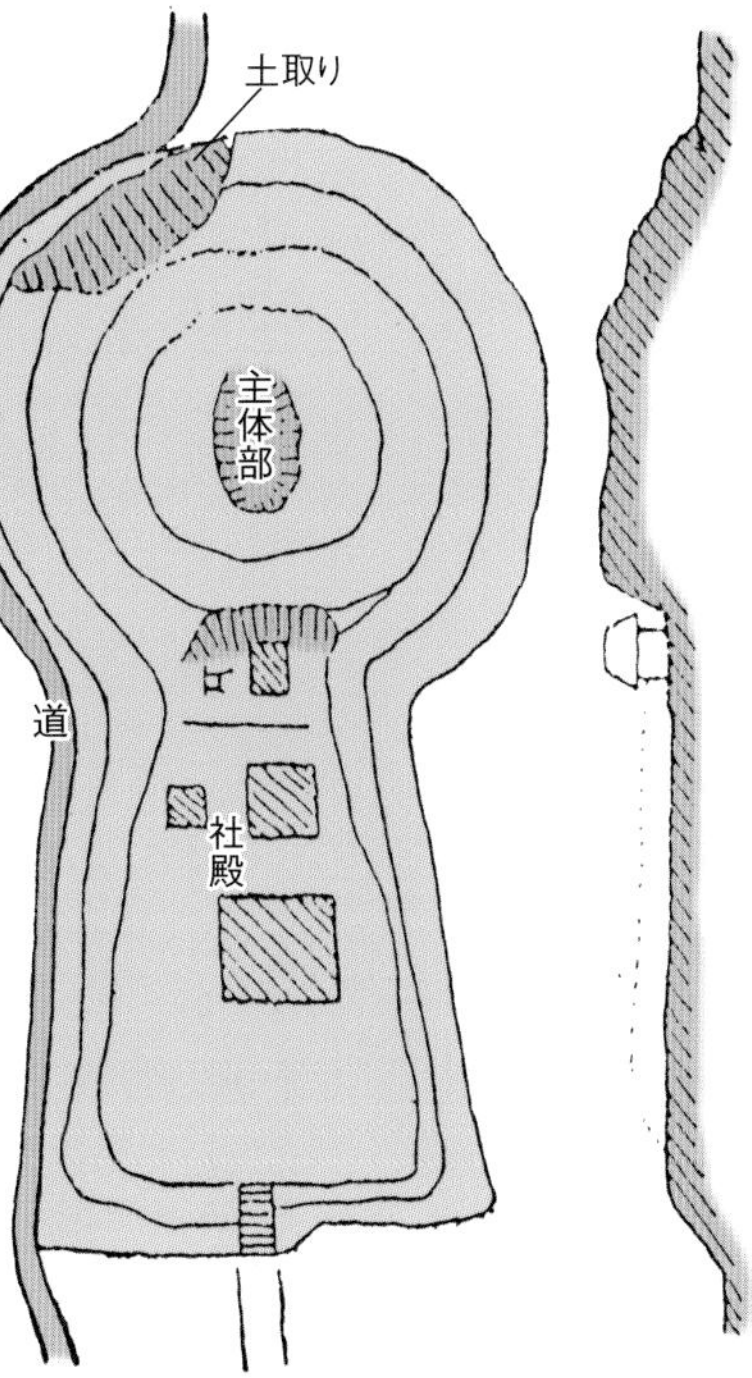

図5 ● 苅田石塚山古墳略図

留されていた小さな港にすぎなかった。それを大型船が入港できる港湾にしようというのであった。一九三八年といえば、前年に開始された日中戦争が長期化の様相を呈し、日本は主力エネルギー源である石炭の安定的な確保を急務とした。国は、国内有数の石炭生産地である筑豊炭田《ちくほうたんでん》からの輸送路として、関門海峡以外に迂回路をつくることを必要不可欠としていた。その候補として苅田港が選ばれたのである。

さらに、この国策事業は石炭積出港の築港にとどまらず、軍需産業を支える新都市計画構想にもつながり、内務省直営の築港工事に続いて、県事業も矢継ぎばやに実施されることになった。すなわち、一九四〇年（昭和一五）から地方用水事業、一九四一年（昭和一六）からの都市計画の土地区画整理、そして一九四二年（昭和一七）に臨海工業地帯造成事業である。

このなかで福岡県営事業の土地区画整理事業は六カ年におよぶもので、苅田町域のみならず近隣の市町村にかけての一大事業であった。この大規模な土地区画整理事業によって、近隣の多くの古墳が消滅した。石塚山古墳も例外ではなく、後円部や前方部が大きく削りとられ甚大な被害を受けたのである（図6）。

図6●戦後の石塚山古墳
1947年の航空写真。

図 7 ● 1955 年ころの石塚山古墳
上 : 全景（北側から）、下 : 後円部（西側から）。

終戦真際になってこの区画整理は中断するが、その一方で米軍の爆撃が頻繁となったために、石塚山古墳の後円部には防空壕が掘られた。

国史跡指定と保存へ

さらに戦後になると、削平された古墳の南側や北側は食料確保のため畑地となっていく（図7）。また盗掘が盛んとなり、石塚山古墳の主体部も数度の盗掘に見舞われて大破したと地元の古老は伝えている。

このようないきさつがあってか、国指定史跡となったのは意外に遅い一九八五年のことである。国指定史跡となった後も、同古墳は大きな破壊を受けた。それは、前方部につくられた浮殿神社の建て替え工事中の一九九五年九月のことであった。県・町教育委員会の再三の指導にもかかわらず、前方部先端部の南側が大きく掘削されたのである。この事件は、マスコミにも大きく報道された。

これを機に、重なる破壊を受けた石塚山古墳は、国・県の指導と補助を受けて苅田町が土地買収をおこなうことになった。まず可能範囲（後円部）が、一九九八〜二〇〇二年までに買収された。現在は、土地所有者が前方部側の土地登記をおこなっているが、それが終了すると、順次買収をおこなう予定で、現在は前方部南側を公有化した。

2　竪穴式石槨の発掘

大破した石槨の調査

一九八七年、苅田町教育委員会は、学識経験者の指導を受けて、第一主体部＝竪穴式石槨の発掘調査を実施した。調査したのは陥没した後円部中央付近の墓壙《ぼこう》を中心とした範囲で、苅田町にとってはじめての本格的な発掘調査であった。

中心主体部の石槨は、さきにふれたように戦後のたび重なる盗掘で大破しており、発掘調査は困難をきわめた。陥没した墓壙内には、石槨に使用した大量の石材などが折り重なるようにして堆積し、なかには終戦のころのものと思われるビンやカンなどのゴミが大量に廃棄されていた。

それでも現地の調査では、不幸中の幸いといえるような成果があった。それは、墓壙内の様子が判明したことである（図8〜10）。以下、前に述べた南原村庄屋銀助の寛政八年の記録（書状の記

図8●大破を受けた第1主体部（北西側から）

図9 ● 第1主体部全景（南東側から）

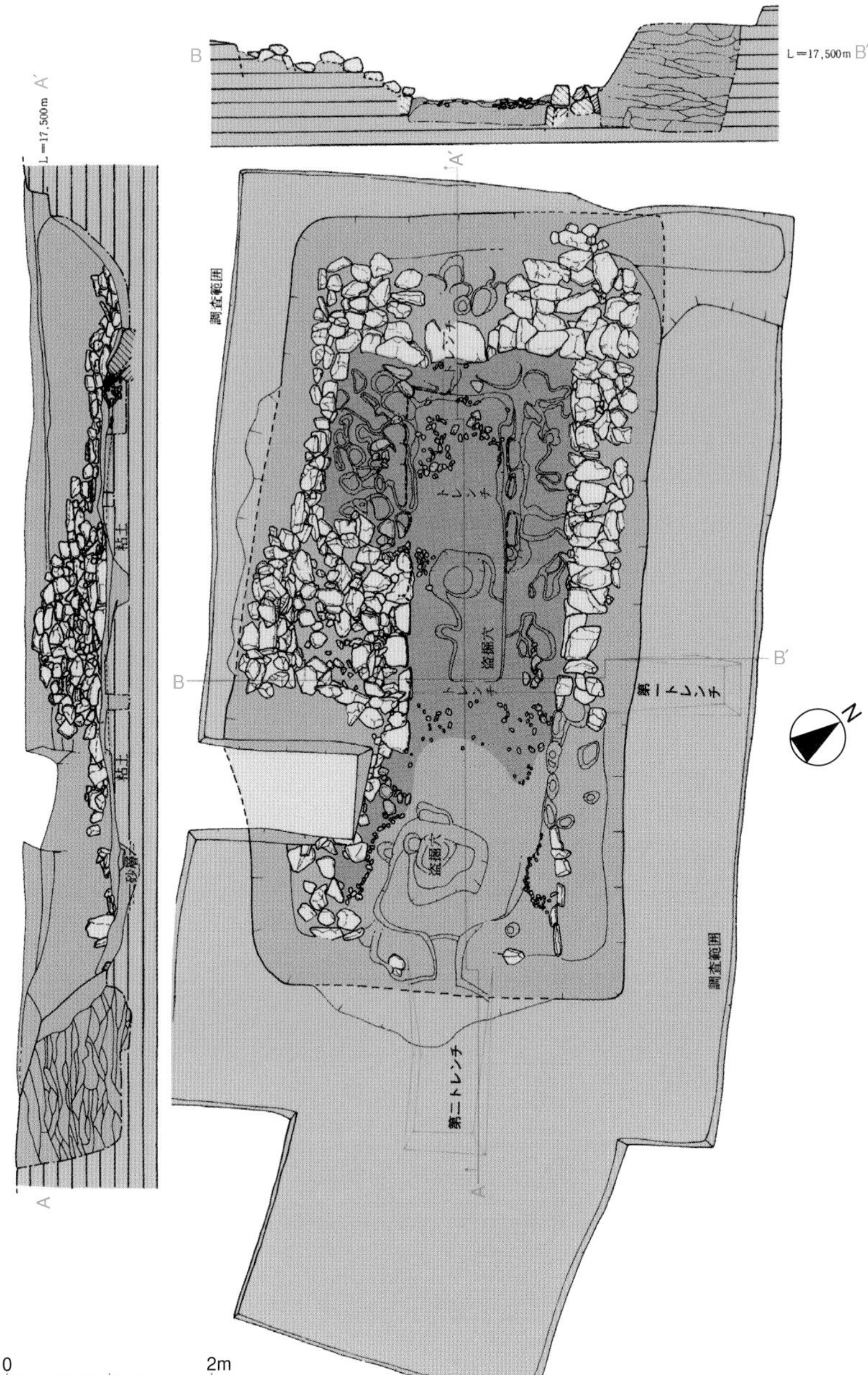

図 10 ● 第 1 主体部石槨実測図

録）と合わせて報告しておこう。

主体部の石槨を設置した墓壙の規模は、床面で長辺約九・五メートル×短辺約四・五メートル、面積約四三平方メートル、深さ約一メートルを測り、長方形プランを呈す。墓壙や主体部は、長軸が古墳の主軸に平行していたことが判明した。主体部は、墓壙の石積やトレンチによる観察から次のような順序で構築されたことがうかがえる。

第一段階…まず、後円部中央に長方形の墓壙をつくる。

第二段階…墓壙床面のもっとも下に八〇センチほどの砂層をつくる。砂層の上には三〇センチほどの赤色粘土層をつくる。これで床面は完成だが、北西の短辺（被葬者の頭部方向か）は赤色粘土の下部に大形の扁平な石材を並べている。

第三段階…粘土床の上、つまり墓壙の壁体に三〜四列を単位とした石垣を積み上げている。その壁体と石槨の壁石の間は、石を中心に土で充填している。

第四段階…主体部床面に拳大の丸石を敷き詰め、その上面には赤色粘土を五センチ程度敷いていた。

上述したように、石塚山古墳の主体部の構築過程は判明したのであるが、先に報告したとおり、たび重なる盗掘で肝心の石槨は一部を残して大破し、粘土床は痕跡すら残っていなかった。床面の長軸と推測される中央付近の南東側壁の腰石の一部が残り、そのほかには腰石の抜き取り跡がわずかに残っていた。しかしながら、攪乱《かくらん》土中から出土した石槨の残骸や、江戸時代の文書と合わせることによって、これが竪穴式石槨であったと容易に断定できる。石槨の床面には、石材の抜き取りの痕跡があって最大幅一・四メートルを測るが、長辺はわからない。

上述したことと、江戸時代の庄屋銀助が記した文書の記録を検証すると次のようになる。

寛政八年の資料	一九八七年の調査推定
深さ　三尺（九九センチ）	墓壙上面〜床面までの深さ　約一メートル
上幅　六六センチ・下幅　九九センチ	床面　最大幅一・四メートル
長さ　五・四メートル	長さ　不明

このように、主体部の幅は江戸時代の記録よりやや広くなる。槨内の高さは、ほぼ同時期である奈良県黒塚《くろづか》古墳や京都府椿井《つばい》大塚山《おおつかやま》古墳に比して浅かったようである。盗掘によって荒らされたため、床面には赤色粘土下の玉砂利が散在していた。総じて床面は西北が高く、こちらが被葬者の頭位であったと推定される。被葬者の頭位側の床面近くの攪乱土中から、後述する後漢鏡《ごかんきょう》小片や小札革綴冑《こざねかわとじかぶと》残欠が出土している。

なお、主体部の床面には赤色顔料が塗布・散布されていた。分析の結果、主体部には朱の痕跡が認められた。

石槨からの出土遺物

破壊された石槨の攪乱土中からは、大量の石材に混じって目をみはるようなさまざまな副葬品が出土した。その大半は、江戸時代の記録にないものであった。なかでも私たちの目を釘付けにしたのは、三角縁神獣鏡の破片と小判を半分に切ったような形をした多くの鉄製の錆びた小片である。

三角縁神獣鏡の破片は、偶然にも江戸時代に記録されたものの一部（2号鏡の内区から外区部分の破片）で、宇原神社に一括して保管されていた三角縁神獣鏡などの品々が、石塚山古墳から出土したことを証明することとなった。

錆びた鉄製小片は、その用途が指導委員会で論議された。当初、用途は不明であったが、調査の進行にともなって、当時、出土事例がきわめてまれであった、小札革綴冑の残欠と判明した。当時の事例としては、中国や朝鮮半島を除くと、京都府の椿井大塚山古墳の出土例のみであった（その後、奈良県の黒塚古墳・兵庫県の西求女塚《にしもとめづか》古墳・滋賀県の雪野山《ゆきのやま》古墳などで出土）。

このほかに出土した遺物は、後漢鏡片、装身具の琥珀《こはく》製の勾玉《まがたま》・碧玉《へきぎょく》製の管玉《くだたま》、武具が靫《ゆき》残欠、武器が大刀片と多量の鉄鏃《てつぞく》、工具の鉄斧《てっぷ》とヤリガンナなどである。

鏡の小片は細線式獣帯鏡で、後漢代製作のものを魏・晋代になって模倣した、いわゆる模倣鏡である。欠損部の状態などから元来は完形品として副葬されたと考えられる。

このように石塚山古墳の中央主体部に副葬された品々は、銅鏡・玉・大刀のセットに加えて武具類も副葬するという事実が判明した。これら多くの副葬品は、中国などから伝来した品々であることはいうまでもない。副葬品の詳細については、第3章で述べよう。

3　墳丘の発掘

墳丘の発掘調査は、二〇〇〇〜二〇〇三年にかけておこなわれた。さきにふれた無断掘削事件の再発防止と古墳の修復を前提としたものである。このため幅約二メートル、深さは表土などをとり除くことにとどめたトレンチを計一〇個所入れるかたちで調査はおこなわれ（図11）、つぎの八点がわかった。

①古墳の裾から、幅二〇〜三〇センチ×深さ約三〇センチの計画線溝（設計溝、縄張り溝とも称される）が検出された。この計画線溝の検出によって、古墳の築造はまず地形を平坦にし、その後、溝を掘って古墳の範囲の縄張りを決めたものと推察できた。幸いトレンチ調査で判明した計画線溝は、前方部と後円部を分ける緩やかなくびれ部に該当する（図13）。

②墳丘の削平された箇所の観察などで、その大半は盛土《もりど》と推察される。ちなみに地山《じやま》の標高は、前方部先端近くが約六・五メートル、後円部北側西側で約一〇・八メートルを測る。このことは古墳築造に際して、丘陵地形を平坦にした後に計画線溝を掘り、墳丘を盛土したことがうかがえる（図14）。

③前方部の段築の奥部では列石を確認したが、そこは立石で処理している（図15）。

④前方部と後円部の間には、高さが違う前方部から後円部をつなぐ勾配を緩やかにした道、すなわち隆起斜道《りゅうきしゃどう》があって、その隆起斜道は当初からつくられていることが判明した（図16）。

⑤墳丘の二段目の奥は、扁平な列石（直径約〇・五〜一メートルの扁平石）を置いて区別し

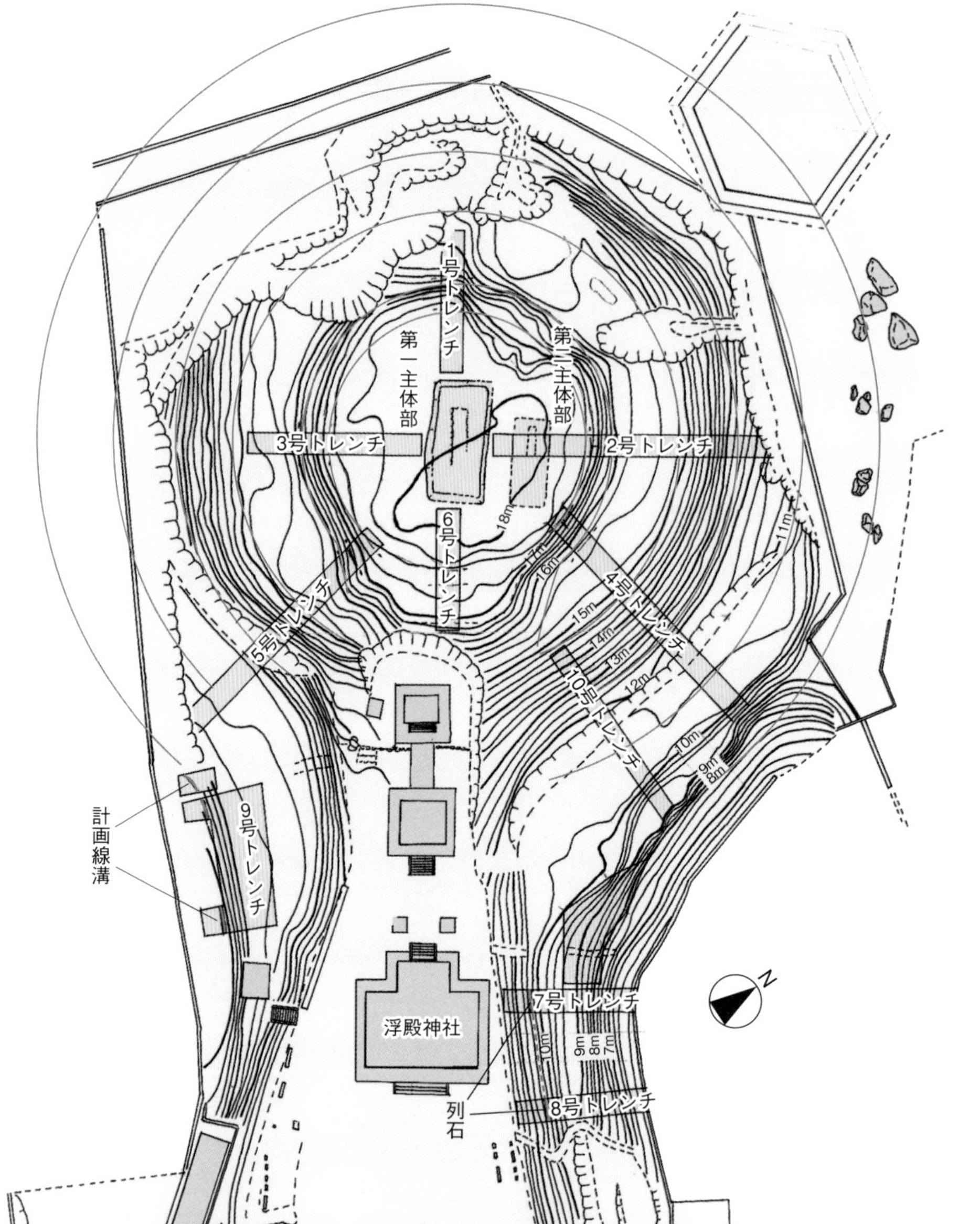

図 11 ● 石塚山古墳測量図

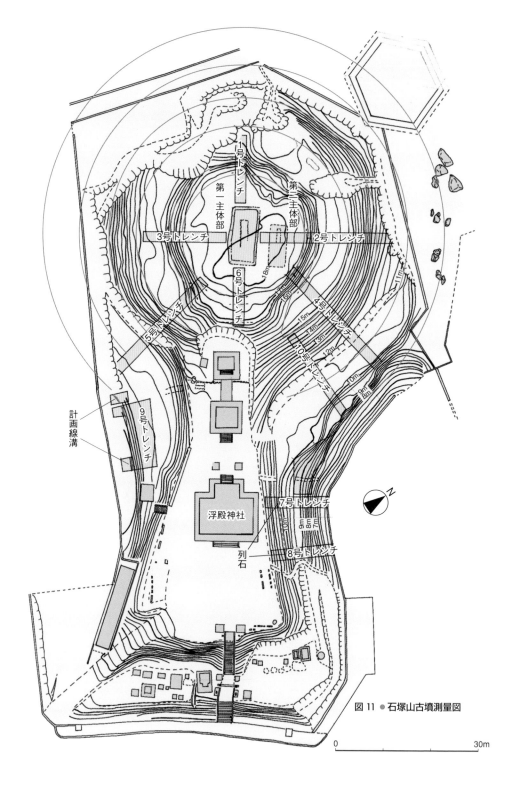

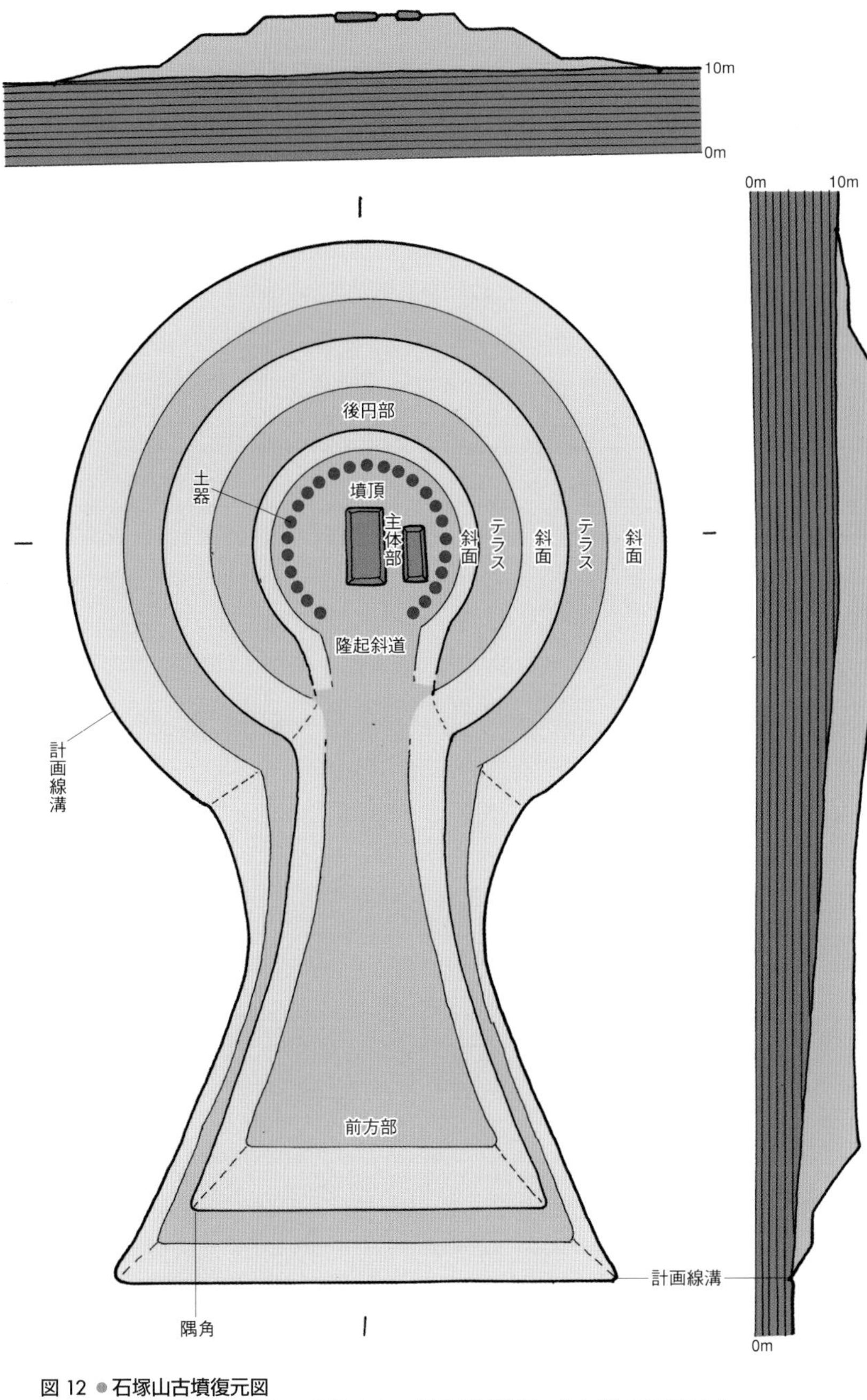

図 12 ● **石塚山古墳復元図**
墳丘の調査（2000 ～ 2003 年）で後円部が判明。前方部は調査不十分のため、なお不明な部分が多い。

図 13 ●検出した計画線溝（9 号トレンチ東側から）
計画線溝は幅約 30cm、深さ約 30 cm。旧表土層は前方部側。

図 14 ●墳丘削平部（後円部北側から）
無惨に削平された後円部。地山と盛土の境が明確に見える。

図 15 ● **前方部の立石**（7 号トレンチ北側から）
わずかに残存していた前方部の段奥の立石。立石は高さ約 50 cm。

図 16 ● **隆起斜道と列石**（5 号トレンチ墳頂から）
写真下部は葺石。中央部が隆起斜道の下部の列石。
上部の列石は後世のものか。

ている。

⑥後円部中央の第一主体部に並行して北側に第二主体部（竪穴式石槨）を確認した（図17）。

⑦一九八七年の主体部などの調査や今回のトレンチ調査で、主体部の上には小型の複合口縁《ふくごうこうえん》壺形土器《つぼがたどき》を中心に祀っていたことがうかがえた。

⑧後円部墳頂部の周囲には、中型の丹塗《にぬ》りした複合口縁壺形土器を中心に、甕形《かめがた》土器などを樹立させていたことがうかがえる。特殊な土器としては、飯蛸壺《いいだこつぼ》もある。

なお前方部の葺石は、北より南側の方が希薄である。したがって前方部の正面観は北であり、近藤義郎のいう、勾配を緩やかにした墳丘への登り道（前方部隅角《すみかど》）は、南側と推察される。

前方後円墳は、地上の平坦面から前方部、前方部から後円部までつなぐ道を必要不可欠とする。それは、後円部に設ける主体部への資材の運搬と葬送儀礼をとりおこなう人びとが通うた

図 17 ● 上面をのぞかせた第 2 主体部（2 号トレンチ東南側から）
蓋石はなくなっている。

めの道であった。その道について具体的に述べたのが、近藤義郎である。近藤の論考を要約すれば、道は前方部のものと前方部と後円部をつなぐものとに分けられる。前者が墳丘への「登り道」として意図的に前方部の一方の勾配を緩やかにしたもの、すなわち「前方部隅角」であり、後者が前方部から後円部までの勾配を緩やかにした道、すなわち隆起斜道である。

4　墳丘と主体部の復元

墳丘の復元

さきに述べたように、古墳の墳丘は一九四一年（昭和一六）から実施された福岡県営事業の土地区画整理などによって大きく削平されてしまったが、本来の墳丘はどのようなものであったろうか。それを検証する手がかりは、一九二四年の梅原末治の概略図と苅田町教育委員会が二〇〇〇〜二〇〇三年にかけて実施した発掘調査にある。前者は測量したわけではなく、目測図であるから正確な数値などはわからない。そこで、後者の苅田町教育委員会の調査で作製した測量図を基本に本古墳の復元をしておこう（図12）。

数値は以下のとおりである。

●後円部墳裾《ふんすそ》径約七七メートル（第九号トレンチ墳裾の計画線溝を根拠とする）

※墳裾と一段目の高さを約三・五メートルと推測した。

●後円部一段目外周径約六三メートル（推定）

●後円部一段目内周径約五一メートル（四号トレンチの列石を根拠とする）
※一段目と二段目の高さ約四メートル
●後円部二段目外周径約四一メートル（推定）
●後円部二段目内周径約二八メートル（第一～四トレンチの列石を根拠とする）
※二段目と墳頂の高さ約二・二五メートル
●隆起斜道くびれ部と墳頂の高低差約三メートル
※くびれ部幅約二一メートル
●前方部墳裾先端幅約六三メートル（推定）
墳裾と一段目の高さ約二メートル（七号と九号トレンチ差）
一段目と墳頂の高さ約一・五メートル（七号トレンチ）
一段目の先端幅約五〇メートル（推定）
●古墳の全長約一三〇メートル

右のとおり、本古墳はトレンチや削平部の観察などから、その大半が盛土と考えて大過ない。このことは、まず最初に地形を平坦にした後（前方部側標高約六・五メートル、後円部側標高約一〇・八メートル）、設計図に等しい計画線溝（幅三〇センチ、深さ三〇センチ程度）を掘ったものと推察される。

墳丘は畿内系の前方後円墳の典型を呈し、第5章―図52に付したような在地系墳墓である川部南西地区墳墓群（大分県宇佐市）の中核をなす方形周溝墓（墳丘墓）とは大きく異なる。

図 18 ● **奈良県・黒塚古墳の竪穴式石槨**（北側から）

図 19 ● **奈良県・黒塚古墳の遺物出土状況**（北側から）
図 18・19 とも阿南辰秀氏撮影。

主体部の復元

主体部の竪穴式石槨（一号主体部）は、一九八七年に発掘調査した時点では、図8〜10にみられるように、たび重なる盗掘を受けて大破していた。このため石槨内部の本来の姿をうかがえる資料は、寛政八年に庄屋銀助によって書かれた『御当家末書』に頼るほかない。

その古文書から割り出した石槨の内部の様子と、発掘調査により判明したことなどに加えて、石塚山古墳の時期とほぼ同時期と推察される奈良県の黒塚古墳の竪穴式石槨（図18・19）を参考にして、第一主体部の石槨内部の姿を復元した。石塚山古墳の主体部の石槨の姿は図20のような模式図となる。

なお、前述したように二〇〇一年の調査では第一主体部の北側に隣接して並行する、やや小型の第二主体部を確認した（図17）。その構造は竪穴式石槨であった。

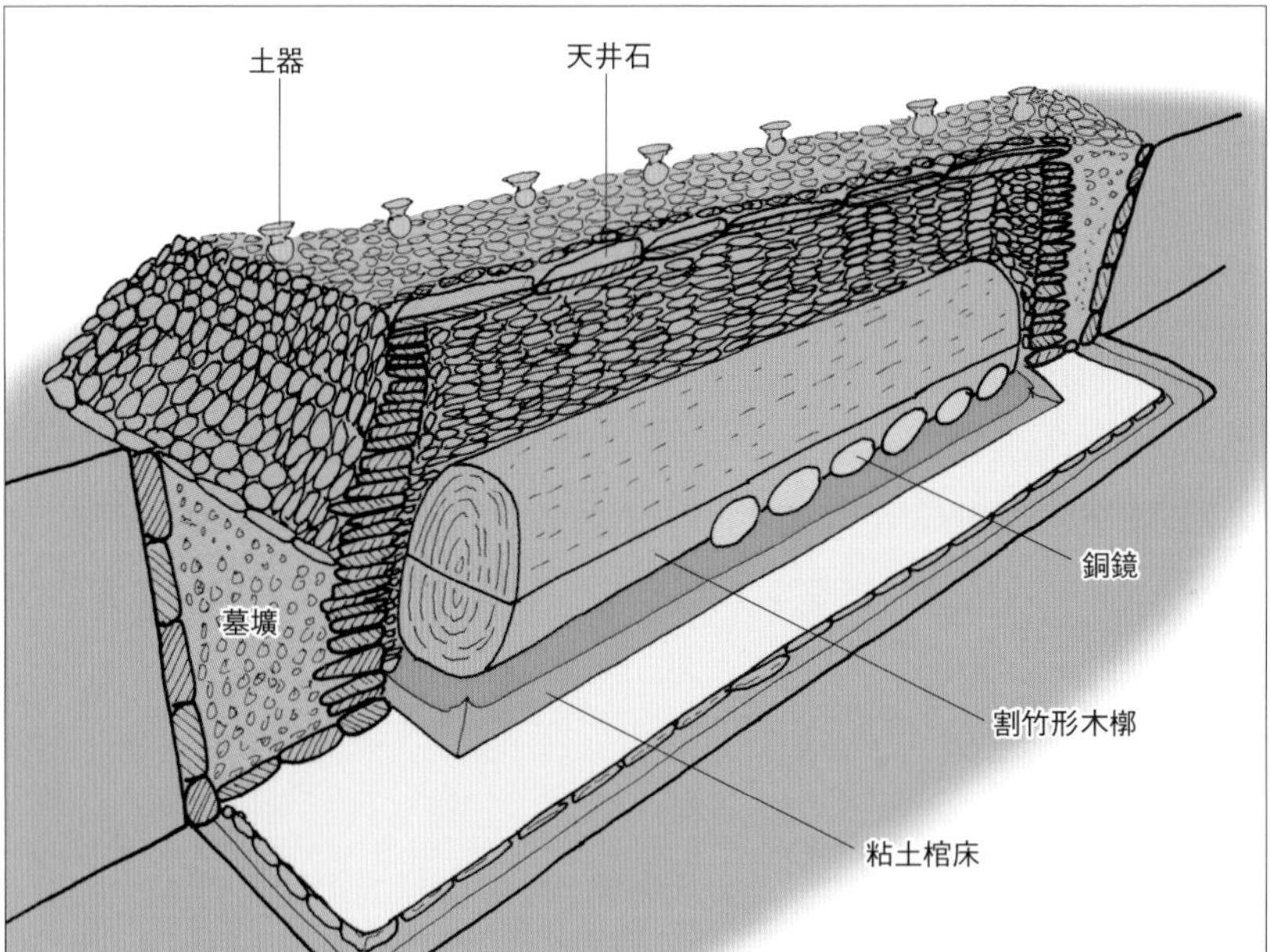

図20 ● 石塚山の竪穴式石槨復元図
主体部の調査と黒塚古墳の石槨を組み合わせて復元した。

第3章　出土鏡をさぐる

1　出土鏡の型式と編年

石塚山古墳から出土した鏡は、寛政八年出土の三角縁神獣鏡七面と、一九八七年の発掘調査で出土した細線式獣帯鏡一面（破片）の計八面が苅田町に現存する。

弥生時代中期から古墳時代にかけて、各地域の首長や有力者にとって銅鏡は重要な意味をもっていたため、大型の古墳には必ずといってもよいほど鏡が副葬されている。なかでも前期古墳に副葬された三角縁神獣鏡は、古墳の歴史的位置づけに関して重要な意味を内包している。

これまでわが国で出土した三角縁神獣鏡は約五五〇面にのぼるが、鏡背に付加された半肉彫《はんにくぼり》の文様にはさまざまな種類が知られ、その違いや共通性には重要な意味がある。また、古墳の年代的位置づけを検討するのに、三角縁神獣鏡が製作された年代がきわめて重要になってくる。そこで本章では、石塚山古墳に副葬されていた鏡を詳細に検討していこう。

三角縁神獣鏡の型式学

考古学において編年作業は、年代を決定する際の根幹をなす手続きといっても過言でない。ふだんから多くの類似資料をよく観察していると、それぞれの違いに気づき、それが年代の違いであることが理解できるようになる。それを根拠として相対的に古いものと、新しいものに分類する一連の作業を「型式学」という。

三角縁神獣鏡には人の姿を映さない面である鏡背に、さまざまな文様が付加されている。その鏡背の文様のほかにも、そのものの厚さや重さを含めてさまざまな構成要素がある。これらの構成要素のうち二つ以上（三つ、四つと数が多くなるほど信憑性が高まる）の属性に相関関係があれば、その相関関係に鏡製作当時にも意味があったのではないかと推察される。

こうした研究では、新納《にいろ》泉《いずみ》、岸本直文《なおふみ》、福永伸哉《しんや》、澤田《さわだ》秀実《ひでみ》らの代表的論文がある。以下、新納・岸本の論文を中心に、その概要を記しておこう。

三角縁神獣鏡の編年

新納は、三角縁神獣鏡の外区の厚さの変化、外区・内区の境の斜面の鋸歯文帯の有無、円錐形の突起を乳というが、その乳の大きさの変化、小乳の内側が松葉のような形をした傘松形文《かさまつがたもん》様《よう》の変化などの相関関係から、四段階、仿製鏡を含めると五段階に編年した（図21）。

具体的には、外区は時間とともに扁平化し、鋸歯文帯は簡略化し、乳は大型化し、傘松形文様はより単純になるという変化をたどるとしている。実際、手にとってみると、より古いものが重く、断面が分厚いのに対して、新しいものほど軽く、断面が薄くなっている。

この研究により、それまでほかの副葬品との共伴関係などから鏡の新、旧についての仮説を立てていたのが、鏡それ自体の型式学的変化から新、旧を論理的に説明できるようになった。

さらに岸本は、外区・内区の境の斜面の鋸歯文帯の有無により、新納の第三段階を二つの段階に分け、舶載鏡五段階編年を提案した。そのほかに澤田による傘松と乳座《にゅうざ》という二つの属性の変遷にもとづく舶載鏡五段階編年、福永の四段階編年がある。これらの四氏の編年案にもとづいて、対象とする三角縁神獣鏡を並べてみると基本的に一致する。このことは、相互の編年案に矛盾がなく、妥当性がきわめて高いといえる。以下、石塚山古墳出土の鏡についてみていこう。

石塚山古墳出土鏡の型式学的検討

1・2号鏡（三角縁獣文帯三神三獣鏡　図22・23）…内

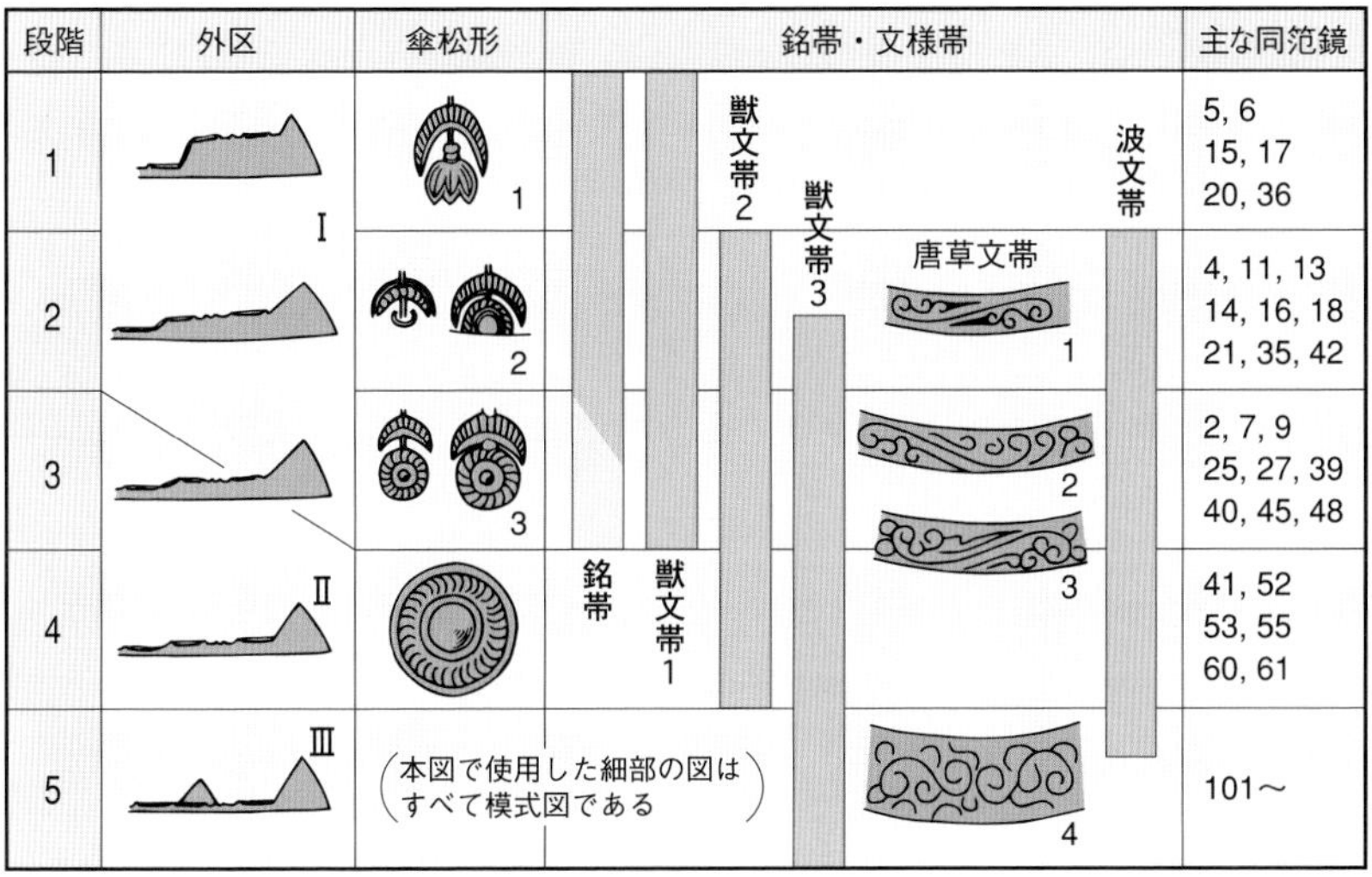

図21 ● 新納泉による三角縁神獣鏡の型式変遷略図
右端欄の「主な同笵鏡」の番号は、小林行雄『古墳文化論考』（1976）で付した番号。現在若干の変更はあるが、学史的見地から採用した。

区主文帯は、捩文圏座《ねじもんけんざ》の六乳によって六区分する構図の典型的なタイプ。三神は同型で膝と足が縦縞《たてじま》の座蒲団《ざぶとん》を二枚重ねた形を呈す。獣像は反時計まわりに配され、三獣ともに逆L字状の巨《きょ》を銜《ふく》む。主文帯と副文帯の区別は鋸歯文帯でする。副文帯は小乳と方格で八区分され、方格に内向きに「天王日月」の銘がおかれ、その間八カ所に区分されるなかに反時計回りの同形の走獣がおかれている。乳の形は捩文圏座の典型を呈し、外区の厚みが薄いことなどから、三角縁神獣鏡のなかでもっとも新しい4段階に属す。

1・2号鏡は同笵鏡で、ほかに京都府椿井大塚山古墳や大分県宇佐市赤塚《あかつか》古墳などと合わせて計六面の同笵鏡が知られている。鏡背文様は2号鏡のほうが鮮明である。

3号鏡（三角縁獣文帯三神三獣鏡　図24）…内区主文帯は1・2号鏡と同様、捩文圏座の六乳によって六区分される典型的なタイプ。二神が同形で、三獣は反時計回りで逆L字状の巨を銜む。主文帯と副文帯の区別は鋸歯文帯。副文帯は小乳と方格で八区分され、方格には外向きに「日日日全」の銘がおかれている。八区分されるなかには、形骸化した同形の獣像がめぐる。これも捩文圏座の典型を呈し、外区の厚みが薄いことなどから、最も新しい4段階に属す。まだ同笵鏡が知られていない。

4号鏡（三角縁獣文帯四神四獣鏡　図25）…内区主文帯は四乳によって、四区分されるなかに神像と獣像を二像ずつおき、交互式と称される。神像も獣像も同じタイプのくり返し、獣像は二頭が神像をはさんで対置している。主文帯と副文帯との区別は、鋸歯文帯でする。副文帯の内方は、八個の方格に「天王」七個、「日月」一個があり、それが内向きとなっている。獣帯は時計回りに八匹の同形の走獣がおかれ、その外側が櫛歯文帯である。内区の傘松文は形骸化しており、外区の厚みが中間に属することなどから、３段階に属す。

奈良県黒塚古墳の二面と合わせて計五面の同笵鏡が知られている。

5号鏡（三角縁獣文帯四神四獣鏡　図26）…内区主文帯は四乳によって、四区分されるなかに神像と獣像を二像ずつおいており、交互式と称される。神像も獣像も同じタイプのくり返しであり、獣像は二頭が神像をはさんで対置している。主文帯と副文帯の区別は、鋸歯文帯である。副文帯の内側は、八個の方格で「天王」七個、「日月」一個が内向きに配され、その間八箇所に八匹の形骸化した走獣がおかれ、その外側が櫛歯文帯。内区の傘松文は形骸化しており、外区の厚みが中間の３段階に属す。

黒塚古墳三面、奈良県新山《しんやま》古墳一面、岡山県湯迫《ゆば》車塚《くるまづか》古墳（備前車塚古墳）一面と合わせて計六面の同笵鏡が知られている。

6号鏡（三角縁「吾作」銘四神四獣鏡　図27）…径が二〇センチしかなく、三角縁神獣鏡の中では小型である。四乳によって、四区分されるなかに二神像と二獣像を並列式においている。神像の頭は、一組が総角《あげまき》形、他の組が傾斜した通天冠と一球形である。獣はいずれも巨を銜む獅子形である。主文帯と副文帯は鋸歯文帯で区別する。副文帯の銘帯は「吾作明竟甚大工、上有王喬及赤松、師子天鹿其義龍、天下名好世無雙（□は欠損部分）」とあって、王喬、赤松子と獅子、天鹿の名が出ているから神像、獣が比定できる。銘帯の外側は櫛歯文帯である。外区の厚みが厚く、古い２段階に属す。

図 22 ● 石塚山古墳出土 1 号鏡
三角縁獣文帯三神三獣鏡、径 22.4㎝。

図23 ● **石塚山古墳出土2号鏡**
三角縁獣文帯三神三獣鏡、径22.4cm。

図 24 ● **石塚山古墳出土 3 号鏡**
三角縁獣文帯三神三獣鏡、径 22.4 cm。

図 25 ● **石塚山古墳出土 4 号鏡**
三角縁獣文帯四神四獣鏡、径 21.7 cm。

図 26 ● **石塚山古墳出土 5 号鏡**
三角縁獣文帯四神四獣鏡、径 23.6 cm。

図 27 ● **石塚山古墳出土 6 号鏡**
三角縁「吾作」銘四神四獣鏡、径 20.0 cm。

図 28 ● 石塚山古墳出土 7 号鏡
三角縁獣文帯八神四獣鏡、径 21.8 cm。

椿井大塚山古墳二面、黒塚古墳一面、大阪府万年山《まんねんやま》古墳一面、兵庫県西求女塚《にしもとめづか》古墳一面、広島県中小田《なかおだ》一号墳一面と合わせて計七面の同笵鏡が知られている。

なお、本鏡は約三分の一程度を欠損する。

7号鏡（三角縁獣文帯八神四獣鏡　図28）…四乳によって四区分される見かけの並列式四神四獣の構図であるが、その四乳の上に小神像が乗っているので八神となる。獣像は二頭が乳上の一神像をはさんで対置している。主文帯と副文帯の区別は、鋸歯文帯による。副文帯は、六個の方格に「日」「月」が一字ずつ三回繰り返されており、その方格間に時計回りに走獣・飛鳥・双魚などの図文が二個ずつ入れられている。この鏡は3段階に属す。

愛知県の奥津社《おくつしゃ》古墳に唯一の同笵鏡が知られている。

8号鏡（細線式獣帯鏡　図29）…本鏡は細線式の獣帯鏡であるが、小片しか残っていないので、文様構成や詳細は不明。本鏡は、近年の研究の進展によって、後漢鏡を模倣した魏・晋代鏡であることがわかっている。

『観古集』にみる石塚山古墳出土鏡の分析

以上、苅田町に現存する国重要文化財の七面の鏡とその

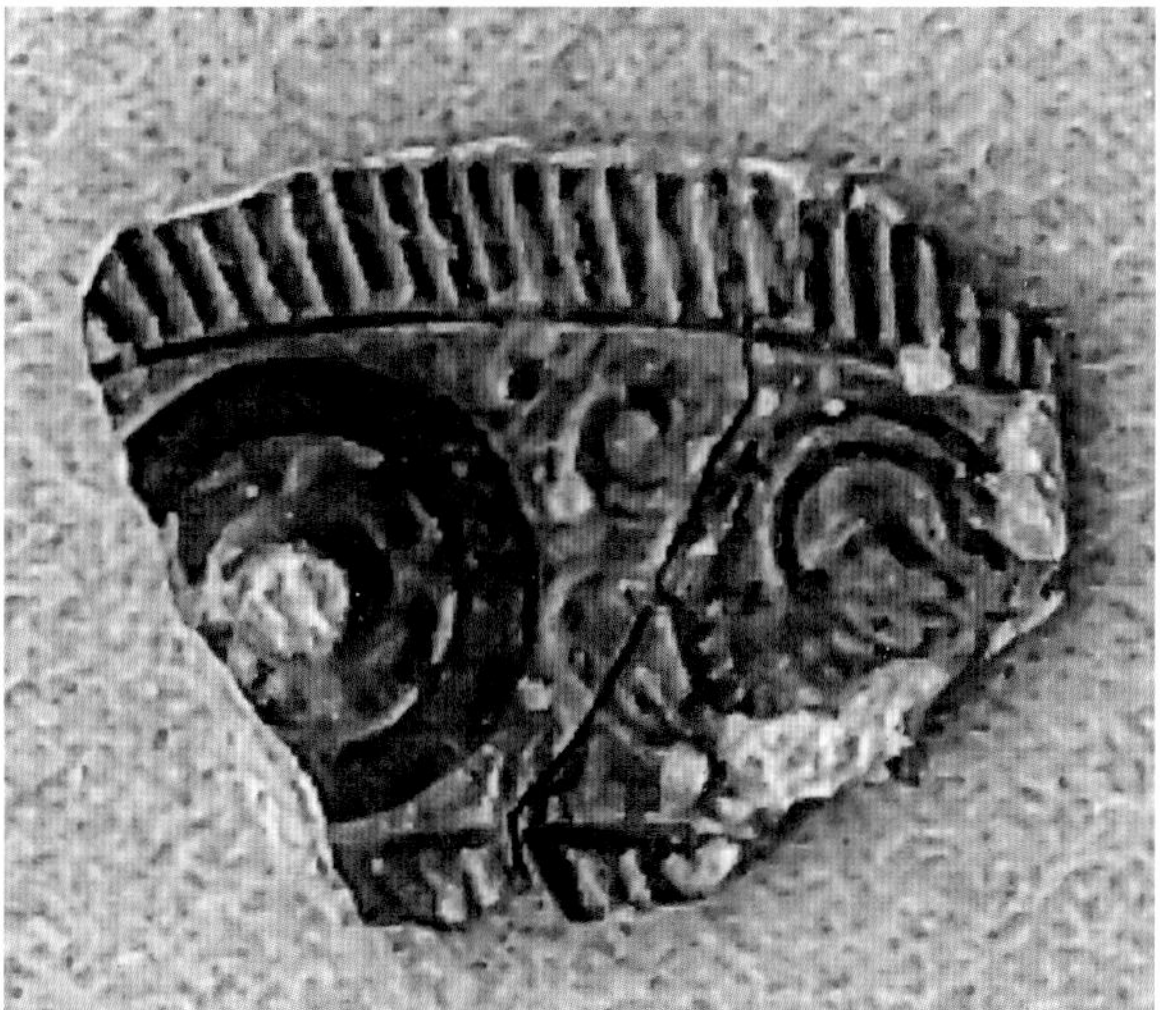

図29 ● 石塚山古墳出土８号鏡
細線式獣帯鏡

後出土した鏡の小片について検討してきたが、古鏡研究の専門家、藤丸詔八郎は『史跡・石塚山古墳（福岡県苅田町所在）出土鏡の新たな展開について―『観古集』（第一冊）に収録された書写図の意義―』で、石塚山古墳にはこのほかに七面の鏡があったことを紹介している。『観古集』は全一二冊からなる和紙製綴本で、かつて京都帝国大学医学部教授であった清野謙次が所蔵し、現在、天理大学付属天理図書館に収蔵されている。藤丸によると、第一冊のなかに石塚山古墳の鏡の書写文と書写図がある。奥書には「原本香月氏蔵」とあり、『観古集』の著者と思われる京都の藤貞幹が伝写したものになる。石塚山古墳の鏡が掘り出されたのはすでに触れたように一七九六年（寛政八）で、藤貞幹は翌寛政九年八月に他界しているので、この間に伝わっていたことになる。

以下、『観古集』にだけみられる鏡をかりに9号〜15号鏡と命名して、藤丸の記述にしたがってそれぞれの鏡の要点を記しておこう。

9号鏡（三角縁「張氏作」銘三神五神鏡〔現在、泉屋博古館が所蔵している鏡と思われる〕）内区の主文は内向の傘松文と乳によって四分画されたなかに並列式の四神四獣のうち、一つの神像を獣像に変えたものである。主文と副文帯の間は鋸歯文帯が、副帯の銘帯は「張氏作鏡真巧仙人王喬赤松子獅子辟邪世少有渇飲玉泉飢食棗生如金石天相兮」とあり、その外区に櫛文帯がある。副文帯と外文帯を分ける傾斜は鋸文帯とする。外区は鋸文帯を挟んで複線波状文帯とする。外区の厚みが厚く、古い3段階に属す。

畿内の権現山古墳・椿井大塚山古墳・黒塚古墳二面など計九面の同笵鏡が知られている。

10号鏡（三角縁「吾作」銘四神四獣鏡〔現在、泉屋博古館が所蔵している鏡と思われる〕）内区の主文は内向の傘松文と乳をはさんで四区画されたなかに並列式の四神四獣が配置されている。主文帯と副文帯の間は鋸歯文帯が、副文帯の銘帯は「吾作明竟甚大好上有神守及龍虎身有文章口銜巨古有聖人東王父西王母渴飲玉飢泎食棗壽如金石長相保」とあり、副文帯と外文帯を分ける傾斜は鋸文帯とする。外区は鋸歯文帯を挟んで複線波状文帯とする。外区の厚みが厚く、古い3段階に属す。

同笵鏡は畿内の西求塚古墳や黒塚古墳と合わせて計三面が知られる。

11号鏡（三角縁唐草文帯二神二獣鏡か〔現在、所在不明〕）鈕座は有節重文帯とし、内区の主文帯は、やや大形の捩文圏座の四乳によって四分割する構図とする。内向きの二神像は正面を向き、頭の一方を三冠と他方が斉髪とする。一方に傘松文を、もう一方が神像の傍らに侍仙をおく。二獣像の顔と胴体を反時計回りにおく。副文帯の四箇所に「天」「王」「月」「月」、四方の小乳で八区分された中に唐草文帯を、その外側を櫛歯文帯とする。外区は鋸歯文帯を挟んで複線波状文帯とする。本鏡は外区が薄く、新しい4段階に属す。

右に記したように三角縁唐草文帯二神二獣鏡であれば、同笵鏡は畿内のヘボソ古墳や長法寺南原古墳などに計一〇面が知られる。

12号鏡（三角縁「吾作」銘四神四獣鏡〔現在、所在不明〕）内区の主文は四分画された中に二像ずつ配置しているが、配列方法によって三つのパターンに分けられる。一つの分画内に一神一獣をセットに置くもの、二つの神像と二つの獣形をセットに並列するものもあるが、前者の中には一神像が分画の神像と隣の分画の神像と隣り合わせに置かれているため、見せかけで二神並列の状を呈するものがある。「吾作」銘とあるので、おそらく3段階に属するものと思われる。本鏡の図像の配置がはっきりとしないため、同笵鏡の有無は不明である。

13号鏡（三角縁〔傘松形文様を持つ四神四獣配置の鏡？〕）本鏡は前述した一二号鏡と同様で、内区の傘松形文以外に不明。おそらく、3段階に属すと思われる。

14号鏡（三角縁神獣鏡以外不明）外区の方格は外向きに「天」「月」「□」「日」が判明しているが、これ以上のことが不明で、おそらく新しい4段階に属すと思われる。

これ以上の情報がないので、同笵鏡は不明である。

15号鏡（三角縁波文帯盤龍鏡か）鏡の径も大きく、内区の鈕座は有節重文帯とする。四乳で四分割される鈕側からはい出した二頭ずつが向かいあっており、四頭式の盤龍鏡を借用している。四獣とも鱗身であるが、頭には無角と一角があり、無角は虎頭、一角が龍頭を表す。内区と副文帯を区別する鋸歯文帯が、副文帯は櫛歯文帯で挟まれた複線波状文帯とする。内区と外区の区別する傾斜に鋸歯文帯を、外区は鋸歯文帯に挟まれた複線波状文帯とするので、新しい4段階に属す。この種の銅鏡は北部九州に赤塚古墳と藤崎古墳に出土例があるが、本鏡の内区は詳細不明であるので、同笵鏡も不明である。

以上、石塚山古墳の第一主体部の被葬者のかたわらに副葬されていた銅鏡は、後漢鏡を模倣した細線式獣帯鏡一面、舶載の三角縁神獣鏡一四面（一面は盤龍鏡か）などの合計一五面と想定できる。

2　配布と同笵鏡の分有

三角縁神獣鏡のタテ配布説

三角縁神獣鏡が出土するのは、前方後円墳など地域を代表する古墳に限り、同笵鏡（同型鏡）の分有などから中央と地方が密接な関係にあったことを示唆している。つまり配布者と配布を受けた者との関係（需要と供給）であるが、その分布は近畿を中心に南は宮崎県から北は群馬県の広範囲におよぶ。

かつて京都大学の小林行雄《ゆきお》は、三角縁神獣鏡の同笵鏡を、畿内の最高首長が地方との同盟関係、あるいは服属の証として配布したと述べ、その根幹をなす古墳を椿井大塚山古墳とした。小林の同笵鏡論は、一九九七年に椿井大塚山古墳に匹敵する三三面の三角縁神獣鏡と一面の画文帯神獣鏡が黒塚古墳から出土し、細部で修正を余儀なくされているが、それでも大枠は学界で比較的幅広く支持されている。

笵傷は語る

古代の銅鏡を詳細に観察すると、鏡背の文様部を中心に、製作段階の微細な凸状の傷が残っている場合がある。

鏡の製作は、まず鑞《ろう》原型をつくる。この鑞原型つくる作業をくり返し、それぞれの鑞原型から二次笵をつくる鋳造方法がとられていたと考えられている。笵傷は、鑞原型から二次笵をつくる作業をくり返す工程で原型が損傷したものである。その傷が鋳型に残り、それがそのまま製品となった鏡に残ったのである。

銅鏡の最終工程で磨きをするが、なお微細な笵傷が残る。この微細な笵傷は元の鋳型に微細な凹傷がある場合で、特に複雑な文様の三角縁神獣鏡によく見られる。同じ鋳型で多数の鏡を鋳造し続けると笵傷はしだいに広がって、後の鏡ほど傷がのびることになる。

この鏡背に残る笵傷を詳細に検討したのが、藤丸詔八郎《しょうはちろう》である。藤丸は石塚山古墳出土の1・2号鏡と6号鏡の検討をおこなっているので、その結論を述べておこう。

1・2号鏡は、さきにふれたように、京都府の椿井大塚山古墳や大分県の赤塚古墳などと合わせて計六面の同笵鏡が知られているわけだが、鏡背に残る傷は少ないものから、椿井大塚山古墳出土鏡→石塚山古墳出土2号鏡→赤塚古墳出土鏡→原口古墳出土鏡→天神《てんじん》ノ森《もり》古墳出土鏡

は万年山古墳出土鏡の笵傷
は西求女塚古墳出土鏡と石塚山古墳出土鏡の笵傷を重ね合わせたもの

図30 ● 増殖した三角縁神獣鏡の笵傷（縮尺1/2）
元図は神戸市教育委員会編『西求女塚古墳』出土鏡。それに6号鏡の笵傷を重ね合わせた。色の濃い部分が石塚山古墳出土の6号鏡。本鏡は、万年山古墳出土鏡に比して、笵傷が増殖している。

↓石塚山古墳出土1号鏡となる。

6号鏡は、椿井大塚山・黒塚古墳など計七面の同笵鏡が知られるわけだが、まだ検討をしていない黒塚古墳出土鏡を除けば、鏡背に残る傷が少ないものから、万年山古墳出土鏡↓椿井大塚山古墳出土M8号鏡↓椿井大塚山古墳出土M7号鏡↓西求女塚古墳出土鏡↓石塚山古墳出土鏡↓中小田古墳出土鏡の順となる。このように両系統ともに笵傷が少ないものは畿内の主要古墳に、笵傷が多いものが地方の古墳に供給されたという興味深い結果となっている。このことからヤマト政権内における石塚山古墳の位置をある程度推測することができるだろう。

3　その他の副葬品——装身具・武具・武器・工具

ここで鏡以外の石塚山古墳出土の副葬品についてもみておこう。

装身具（勾玉・管玉）　石槨の攪乱土中から、琥珀製の勾玉一と碧玉製の管玉三が出土した。被葬者のネックレス一式と推察される。このような装身具は首長の伝統的なシンボルと位置づけられよう（図31）。

武具（小札革綴冑・靫）　武具としては小札革綴冑残欠（多数）と鉄鏃残欠に付着した靫片がある。小札革綴冑は、第一主体部の西南隅付近の攪乱土中から多数の小札片が出土したが、細片となっており、小札個体数、冑段数などの構造は不明である。小札には大型・中型・小型の三種が存在し、右上重ねで横方向に鋸歯状に綴じ付け

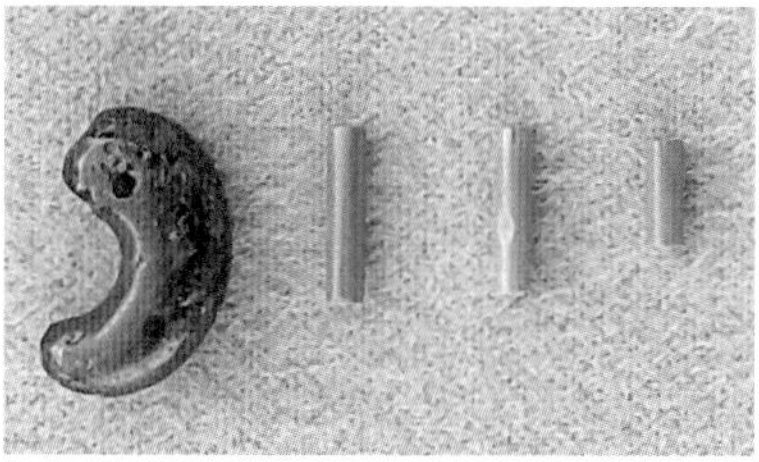

図31 ● 石塚山古墳出土装身具
左：琥珀製勾玉、右：碧玉製管玉。

ている（図32）。

本古墳以外の事例としては、椿井大塚山古墳、黒塚古墳、西求女塚古墳が知られる。橋本達《たつ》也《や》は、この種の冑が古墳時代前期に突然出現して消滅することなどから、中国系の舶載品とし、中国的権威を象徴とする「冠」としての性格が付加されたと推察する（図33）。

靫は、古墳時代の弓矢の「矢入れ具」である。石塚山古墳から出土した靫は鉄鏃に付着した小片であるが、おそらく鉄鏃を入れて副葬していたことがうかがえる。靫の表面には菱形文様

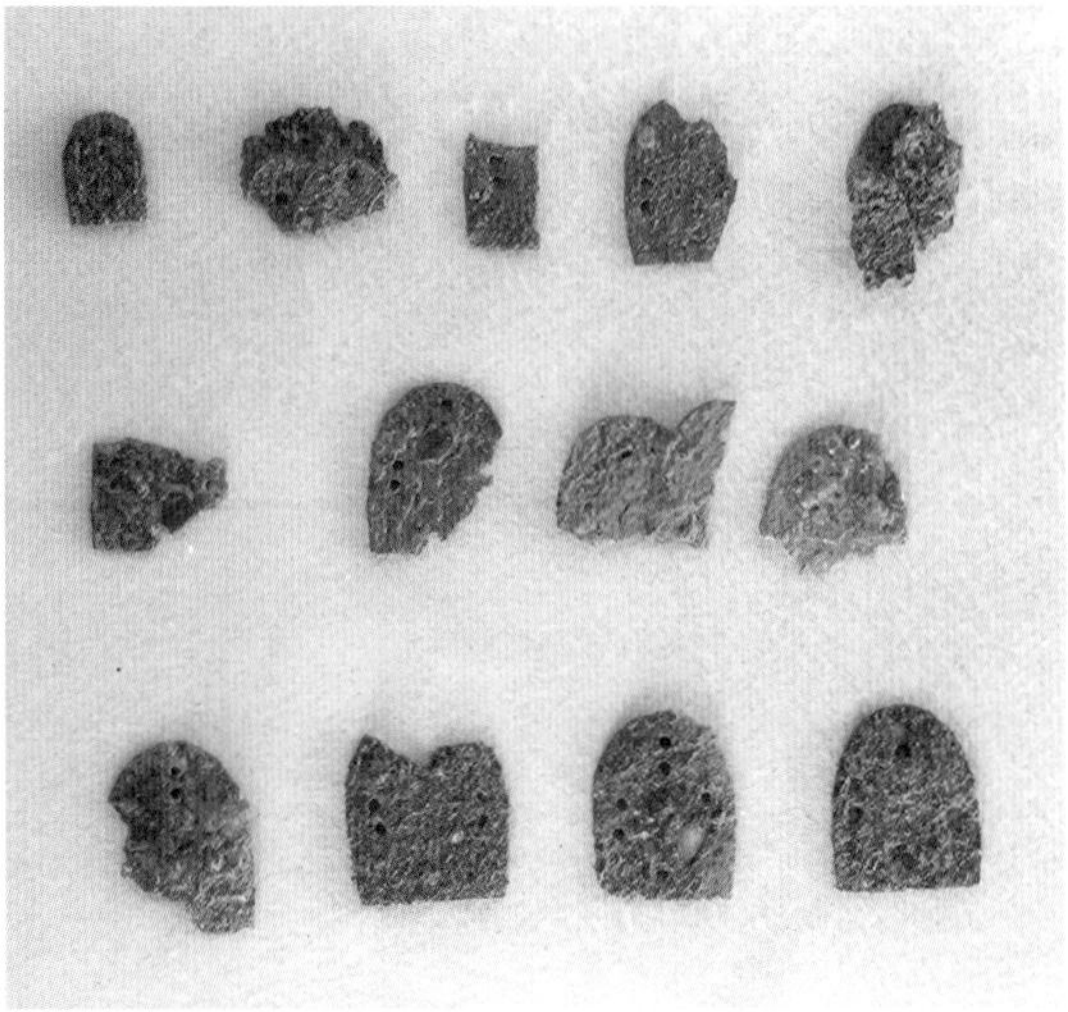

図32 ● 石塚山古墳出土小札革綴冑残欠
小札革綴冑残欠は多量に出土しており、図33のように復元される。

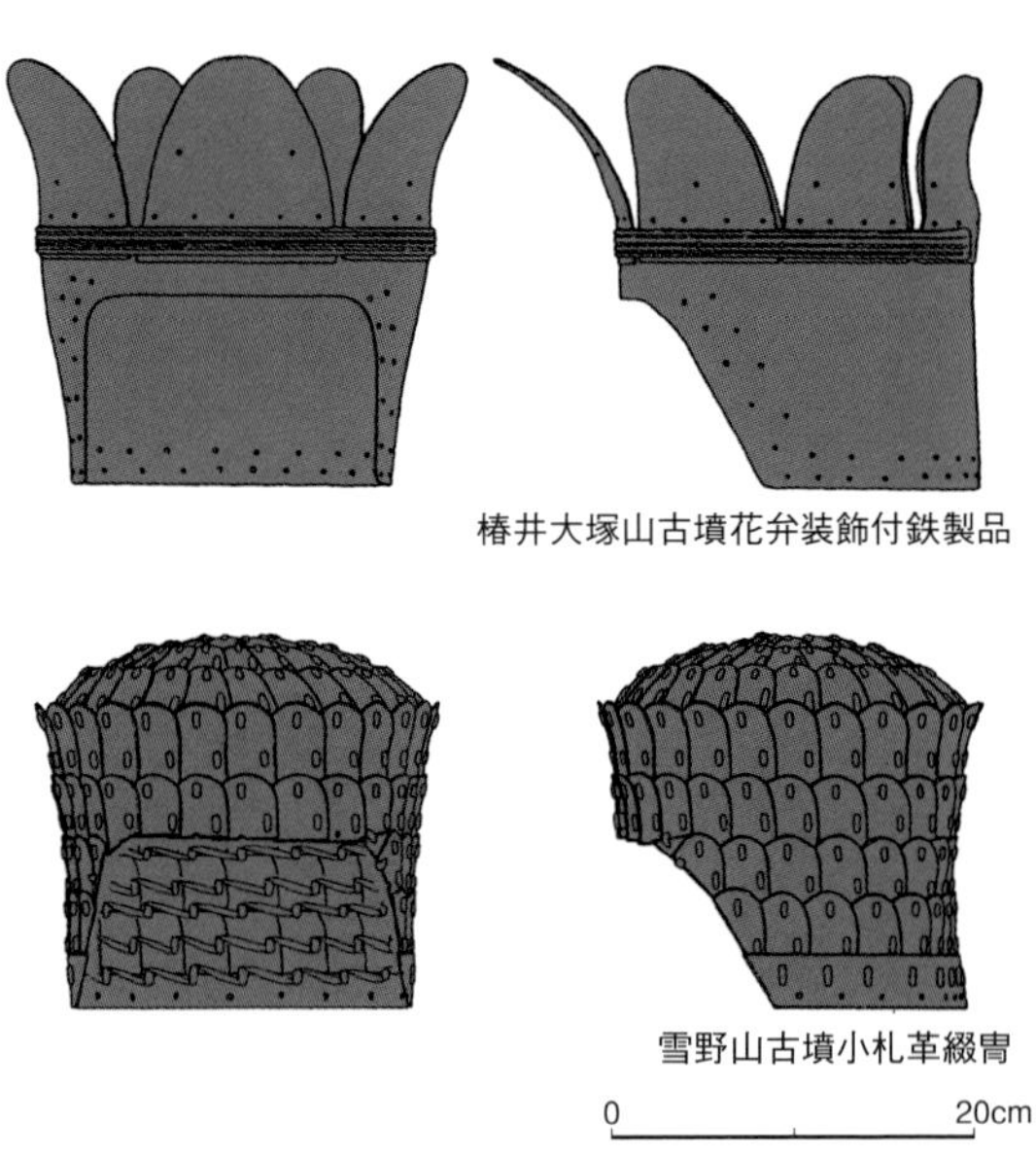

図33 ● 花弁装飾付鉄製品・小札革綴冑の復元図

があり、内面に漆膜が観察される（図34）。この靫は、岡山県の備前車塚古墳と同様、国内最古の靫に属すもので、杉井健《たけし》の研究から、被葬者の権力を誇示する威信財《いしんざい》の役割を担ったと推測されている。

武器（大刀・銅鏃・鉄鏃）　武器として素環頭大刀片、鉄刀残欠、銅鏃、鉄鏃などがある。大刀は、江戸時代に出土し、刃部は細片化していて柄部の素環頭も三片に分割している。ほかに一九八七年に出土した刀小片がある。銅鏃は、一個のみが宇原神社に保管されている（図35）。鉄鏃は、すべて一九八七年に出土したもので、大別すると、平造《ひらづく》り（大型・中型）と鎬造《しのぎ》り（定角《ていかく》・剣形《けんがた》・柳葉《やなぎば》）の二者がある（図36）。これらの鉄鏃群は、数箇所に分けて副葬されたものと考えられる。なお、靫に納められていた鉄鏃は、後者の鎬造りと推察される。これら武具・武器副葬の背景に、被葬者の権力基盤がうかがえる。

工具（鉄斧・ヤリガンナ）　工具は、すべて一九八七年に出土したもので、鉄斧とヤリガンナが確認されている。鉄斧は、五個出土し、すべて有袋鉄斧《ゆうたいてっぷ》である（図37）。ヤリガンナは、小片二個が出土している。工具はもともと耕地の開発などにかかわる道具のことで、その被葬者が稲作農耕を主導したという意味を示唆している。

図34 ● 石塚山古墳出土靫残欠
鉄鏃に付着している。

図35 ● 石塚山古墳出土銅鏃

土器（墓上）　土器は主体部出土の土器と墳丘出土の土器の二者がある。前者は、おそらく主体部上に置かれていたもの。後者が墳頂の周囲に樹立されていたものであろう。器種としては前者が小型の複合口縁壺・高坏などで、後者はやや大型の複合口縁壺（丹塗り）・甕・飯鮹壺などを主体とする（図38・39）。これらの土器は、おそらく祭祀行為の最終段階に該当する墓上儀礼の所産であろう。なお飯鮹壺は、被葬者が海と強くかかわっていたことを暗示している。

図36 ● 石塚山古墳出土鉄鏃群
おそらく鉄鏃は、大きさが同じものを複数箇所に副葬していたものと推察される。

図37 ● 石塚山古墳出土鉄斧群
すべての鉄斧に木質が残存する。左の鉄斧には鉄鏃束が付着している。

図38 ●石塚山古墳出土土器群

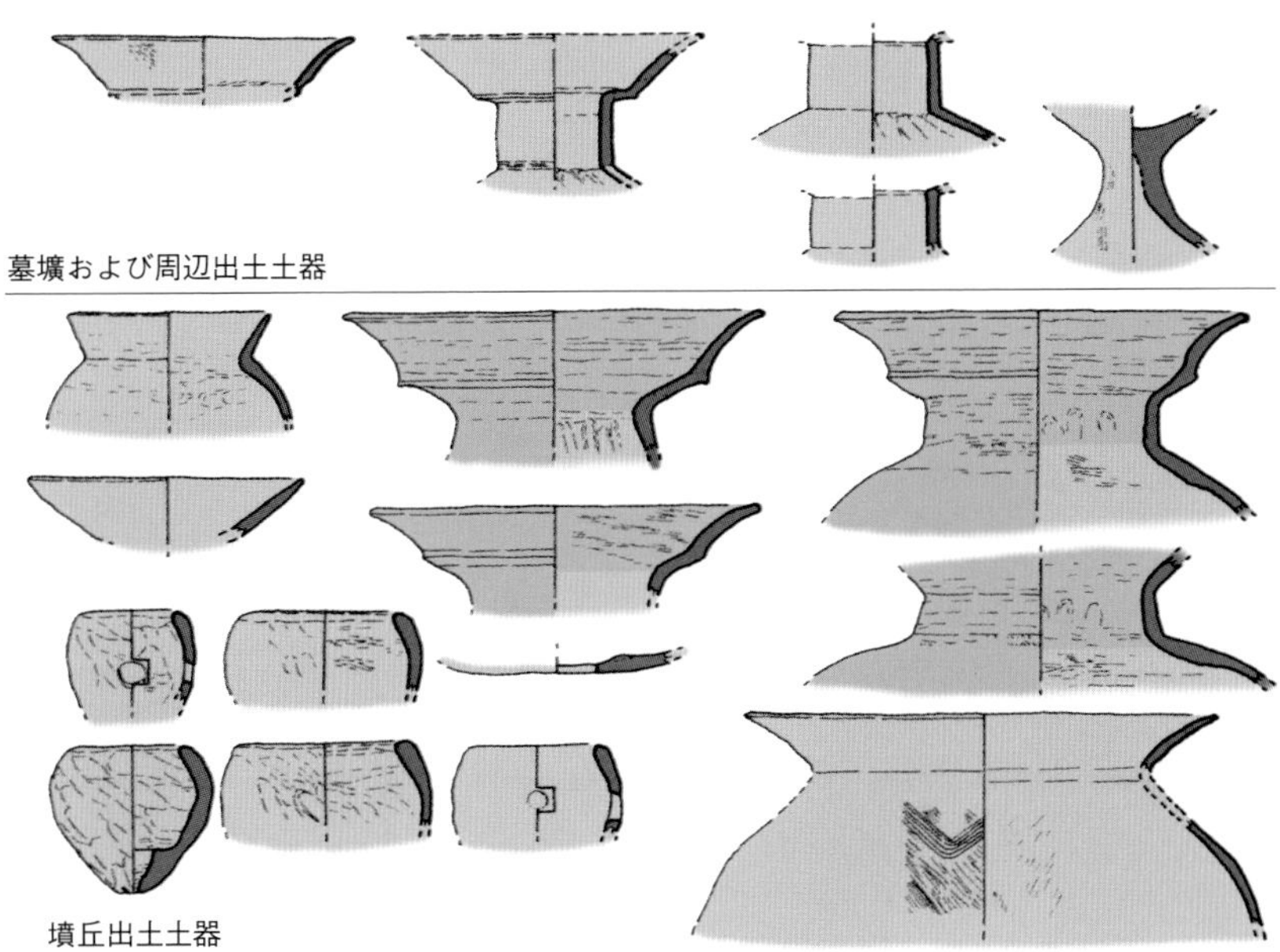

図39 ●石塚山古墳墳丘墓壙および墳丘出土土器（縮尺1/12）
赤い部分には丹が塗られている。

石塚山古墳出土品と初期ヤマト政権

石塚山古墳出土の三角縁神獣鏡の同笵鏡分布は、研究の進展によってヤマト政権が君臨した畿内を中心として、西は北部九州、東は一部関東にまでおよぶことがわかった。ことに畿内の黒塚山古墳や椿井大塚山古墳と濃密に同笵鏡を分有することが知られる。これらの銅鏡群や同時に出土した鉄製の武器・武具・工具など多くは、おそらく畿内の初期ヤマト政権の中枢から一元的に供給された器物である。つまり、ヤマト政権が主導する威信財システムの一角に組み込まれた所産と考えていいだろう。

九州島で現在までに出土した舶載の三角縁神獣は累計三五面（破鏡を含む）であるが、石塚山古墳の第一主体部に副葬されていた三角縁神獣鏡は一四面（盤龍鏡？一面を含む）である。ヤマト政権の影響力がいかに大きかったかを示している。このことは、石塚山古墳が初期ヤマト政権にとって西日本の重要拠点として、加えて大陸との交渉の架け橋として、政治性を保持していたことがうかがえる。

石塚山古墳の築造年代

では　石塚山古墳の築造年代は、いつごろであろうか。すでに述べた墳丘の形態、主体部の構造（竪穴式石槨）、被葬者の傍らに副葬された器物、墳丘のおかれていた土器などを考慮すると、三世紀末〜四世紀初頭ごろと考えて大過ない。なお、後円部には二つの主体部があるので、これも配慮する必要がある。

第4章　前方後円墳の意味するもの

1　最古の前方後円墳の特徴

最古の前方後円墳の特徴は、つぎのような三つの様相からなる。

1　石を葺き、段築が設けられて、巨大な人工の山といった感を見る人びとに与える。畿内の大和にある、最古の三世紀代前半～中ごろと目される箸墓古墳→中山大塚古墳→ホケノ山古墳にみられるように、大和における古墳の大きさの違い、また箸墓古墳と石塚山古墳というように異なる地域においての古墳の大きさの違い、中央と地方という二重の意味で墳丘規模に格差が存在する。このほかに前方後方墳や方墳も併存しており、墳丘の差異や墳丘規模の格差になっている。すなわち、墳丘の規模などから当時における社会的身分の差異、つまり階層的社会が存在したと推察される（図40）。

2　長大な割竹形木棺を被覆する竪穴式石槨の存在などから、それまでの儀礼とは大きく異なる葬送儀礼を実施していた。

3　三角縁神獣鏡や武具など中国王朝の権威を背景とした特殊な威信財を副葬する。このほかに装身具・武器・工具など多種多量の副葬品をあわせ持つ。

これら三つの様相のなかで、最大の特徴が第一の巨大な墳丘、すなわち視覚に訴えかけた特定個人の奥津城《おくつき》である。巨大な墳墓の登場の背景には、西日本各地の墳墓の様相を取り込んで創出したということがあるが、それでもなお弥生時代の墳墓とは大きな違いがある。

2　前方後円墳創出の背景

新たな思想を求めて

各地の首長らは、みずからの領域で自給できない物質や情報、新たな技術や文物などをめぐって相互に情報を網の目のように張りめぐらせていた。こうした「物・人・情報のネットワーク」にもとづいて、列島における支配者層が具体的に形づくられてきたのであるが、その範囲は首長連合の枠を超えなかった。

弥生時代の終末ごろになると、「倭国大乱」と称されるような幾多の戦乱を経て汎列島規模で統合が進んだ。旧来の価値観とは、大きく異なる新たな社会編成があったに違いない。新たな社会には、新たな哲学を背景とした思想を必要不可欠とした。その社会の中核を担っていたのが、おそらくヤマト政権を構成した首長層であったろう。彼らは、地方支配を願望する首長らの欲求を吸収すると同時に、中国に源流をもつ神仙思想をとり入れたのであった。このようにして、汎列島規模で神仙思想を軸とした支配の構図が、つくりあげられたのである。前方後円墳は、そうした地域性を払拭した画一的な墓制として登場し、その中心地は大和にあった。その背景には、巨大建造物建設に豊かな経験をもつ先端技術者集団がいたに違いない。

神仙思想の視覚化

前方後円墳には、それまでの枠組みを大きく超えた強い政治的意図が垣間見える。つまり、ヤマト政権が各地の首長らと軍事権、外交権をめぐる政治的同盟を結び、その頂点に立ったことを目に見える形で示す効果は絶大であった。彼らに内在した思想的背景には、中国支配者の葬送観念をとり込んだ神仙思想そのものがあった。具体的にいえば、現世と死後の世界を相似

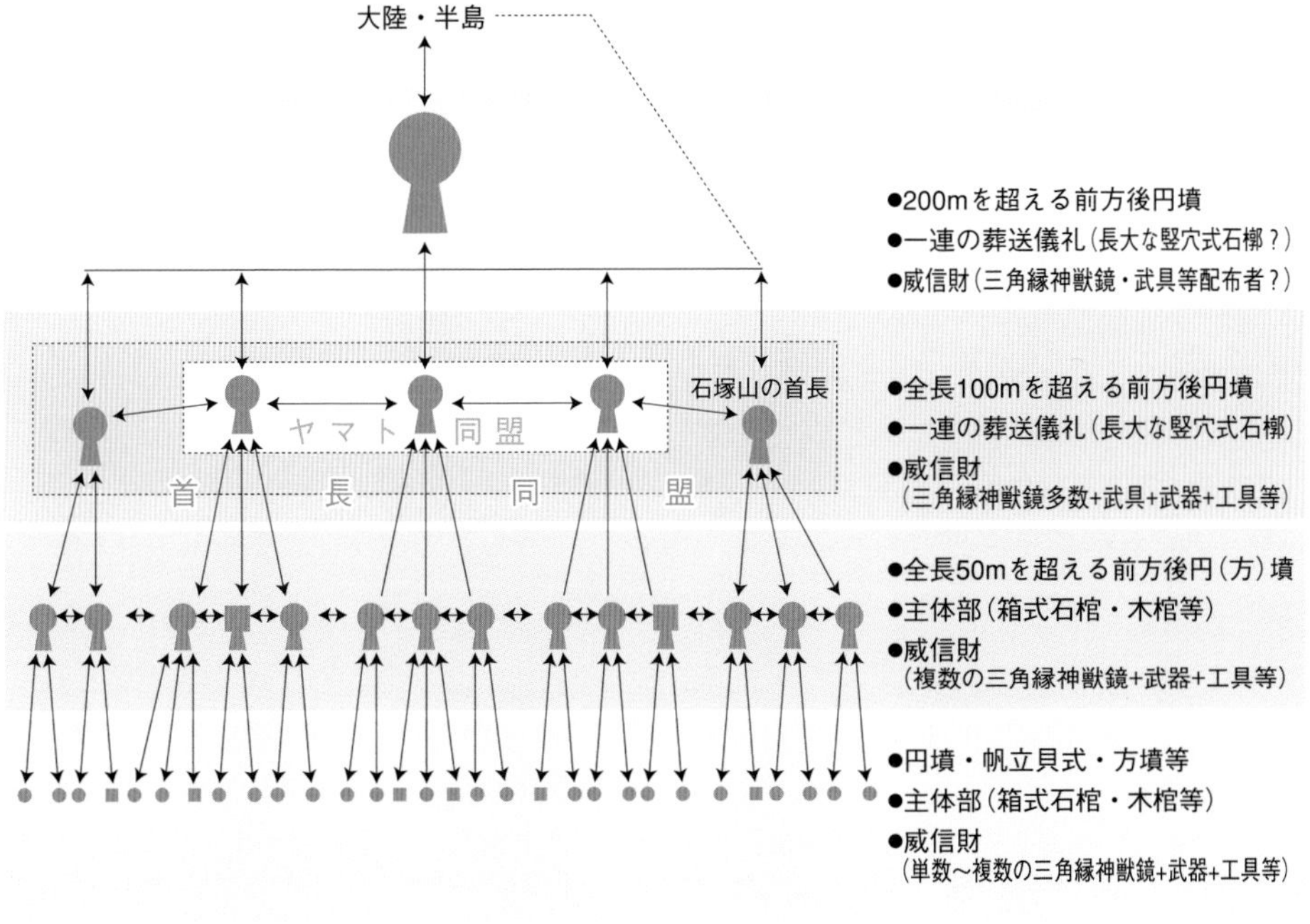

図40 ● 初期古墳時代社会の首長同盟モデル

形と考えたのである。その神仙思想を実施するために必要不可欠としたのが、具現化された巨大な建造物であった。彼らの願望は霊魂の不死を獲得するための昇仙行為で、死してなおカミとなろうとしたのである。それを目に見える形にしたのが奥津城である前方後円墳で、カミへ昇華するためになくてはならない施設であったと考えられる。

墳墓の形態は、それまでの墳墓とは大きく異なり、巨大な後円部に方形の前方部が合体した前方後円墳という形状を呈し、その後円部と方形の前方部とは隆起斜道で結ばれた。

元来、前方後円墳とは墓であるため、それには地上の平坦面から前方部、前方部から後円部までつなぐ道を必要不可欠とする。後円部への資材の運搬の道であり、葬送儀礼のために人が古墳へとのぼってゆく道である。その道とは、二九ページでも説明したように、前方部隅角であり、隆起斜道である。そこでは粛々と葬送儀礼が執行され、緩やかな道を通って時の権力者たち（中には老人もいたであろう）が死者を弔問したのである。このように前方後円墳は、それまでの墳墓とはまったく異なるものであった。

3　葬送儀礼の確立

竪穴式石槨

葬送儀礼の中心は、後円部墳頂の中央に構築された竪穴式石槨で実施された。竪穴式石槨は前方後円墳（前方後方墳を含む）のなかで、もっとも重要な施設であるといっても過言ではない。それは亡くなった死者を埋葬する施設で、棺と槨からなる。槨とは、遺骸を納めた木棺を保護し密閉する施設のことである。その内部には、被葬者を入れた長大な木棺が置かれ、木棺の内外面には威信財を中心とするさまざまな品が副葬された。

葬送儀礼でもっとも重要な威信財が、石塚山を例にとると、武具の冑と神仙思想そのものが刻印された三角縁神獣鏡である。前者の武具は冠的様相を保持し、後者の三角縁神獣鏡は中国王朝の権威に加え、鏡そのものがもつ呪力が相乗してその威力を発揮したであろう。

葬送儀礼

巨大記念碑（前方後円墳）とさまざまな威信財とともに重要な意味をもつのが、その記念碑上で執行された一連の葬送儀礼である。それを具体的に説明したのが和田晴吾《せいご》の一連の論考である。結論から述べると和田が述べた一連の手順（式次第）とは、「殯《もがり》儀礼↓納棺《のうかん》儀礼↓埋納《まいのう》儀礼↓墓前《ぼぜん》・墓上《ぼじょう》儀礼」である。このような一連の葬送儀礼は、おそらく大陸の影響を受けて畿内で確立されたもので、その実体は弥生時代の葬送儀礼とは一線を画す。

一連の葬送儀礼のなかで、もっとも重要な儀礼が、納棺と埋納儀礼であったであろうことは容易に推察される。最古の部類に属す前方後円墳の副葬品は、その配置が棺内と棺外に大別されたようである。棺内には、被葬者が生前愛用した装身具などの品々が置かれる。それに対して棺外に置かれた品々は、葬儀に参列した首長たちが被葬者に対して敬意を表わすために威信財を置いたと推察される。

埋納儀礼

以下、奈良県黒塚古墳の竪穴式石槨の調査で判明した事実を基礎とし、葬送儀礼の一端を推察しておこう。

まず前方後円墳のなかで、もっとも高い、後円部中央に長方形の墓壙を掘り込む。その墓壙の床を整備し、その中央の一段高い所に長い粘土台を設置する。粘土台の上には割竹形の木棺を置き、その周囲に石材を積み上げ囲んで納棺儀礼が完了する。ついで、一連の葬送儀礼のなかで、もっとも重要な埋納儀礼が実施される。

木棺内に亡くなった人の遺骸を入れ、その木棺内には生前に愛用した遺品が納められ、死者を保護するために貴重な水銀朱が塗られる。その一方で墓壙内では、粛々と埋納儀礼が挙行される。その埋納儀礼が挙行されるなか、死者の後を受け継ぐ継承者などによって木棺の長辺と石の隙間に神仙思想が付加された三角縁神獣鏡や武器・工具などが置かれたものと推察される。短辺の隙間には立体的な武具などが置かれたようである。

クライマックスといえる埋納儀礼が終了すると、割石を積み上げた槨内には遺骸と棺を保護するために魔除けの意味を込めた朱が厚く塗布される。天井は板状の大きな石材で封鎖し、その上を粘土で密封している。このようにして竪穴式石槨は二重・三重に密閉することを原則とする。そして墓壙上には石を積み上げ、その上に祭祀用の土器が置かれて墓上儀礼が完了する。

かくして一定の完成された姿として執行された儀礼は、遺骸と棺を保護する密封を原則とする思想そのものであった。その葬送儀礼とは、中国から伝播した神仙思想にほかならない。

地方への伝播

このように完成した姿としての葬送儀礼は畿内中枢部で確立し、セットで地方へ伝播した。その象徴が石塚山古墳上で執行された一連の葬送儀礼である殯儀礼→納棺儀礼→埋納儀礼→墓前・墓上儀礼で、それは九州における最初のできごとであった。その葬送儀礼には、各地の首長らが弔問に訪れたと推察される。

地方へ伝播した一連の葬送儀礼は、地方の首長の力量によって格差があったようである。つまり、一連の葬送儀礼を実施することができたものと一部が欠け落ちたものである（納棺儀礼など）。前者は主体部を竪穴式石槨とし、後者は主体部に被葬者を直接入れる施設である（たとえば箱式石棺墓など）。豊前地方では前者が石塚山古墳、後者は宇佐市の赤塚古墳がその代表である。

初期前方後円墳とは、古墳の規模・竪穴式石槨の有無や主体部内に副葬された威信財の内容、それらの遺構や遺物に加えて、そこで実施された葬送儀礼などが密接に連動していたものと筆者は考えている。

4　副葬された威信財

威信財の意味

前方後円墳の竪穴式石郭内に副葬された品々は、弥生墳墓のそれと比して多種、多量である。

その副葬品の組み合わせは、舶載鏡のほかに装身具・武具・武器・農工具、そして土器などである。これの副葬品の大半は直接被葬者のかたわらか、棺内と石槨の間に置かれた。前者には装身具や中形の鏡などがあり、後者がその他の品々である。

それらの品々には、つぎのような意味が付加された。すなわち、舶載鏡には首長の支配観の側面を、武具（冑）には新たな支配者の身分的シンボルとしての側面を、装身具には首長としての伝統的な身分シンボルを、武器には首長の権力的基盤を、鉄製工具は開発と稲作農耕を主導したという意味をそれぞれに付加した。

そのなかで、銅鏡と武器は倭国女王卑弥呼が、魏に使者を出して魏帝から下賜されたものであるが、武具は、詔書に記されていない。倭人らにとって、魏帝から下賜された品々には中国王朝の権威と呪力が相乗効果をあらわす特別に効果のある威信財であった。つまり、このような威信財は、現世の権力を保持したまま、被葬者がカミに昇華するための道具立てとして死者のかたわらに副葬されたのである。もちろん、これらの威信財の質と量は、首長の生前の力量に応じたものであり、そのことが古墳の規模と比例していたことは、いうまでもない。

初期ヤマト政権と各地の首長

一世紀後半ごろから、北部九州の首長たちは支配層としての地位を築き上げていった。かれらは、自前で半島や大陸の情報と新たな文物を絶えず導入していた。そして、それらの文物をテコに、他地域より優位に立った。その文物のなかに、武器に使用する鉄器が含まれていた。

優位な武力を背景に「倭国大乱」と称される幾多の戦乱を経て、初期ヤマト政権は最大で最強の政権を確立した。

武力を全面に押し出し、他方で中国王朝の権威を背景に、神仙思想を基軸にした支配イデオロギーを確立した初期ヤマト政権は、あわせて祭祀権も確立した。その武力と祭祀権を両輪としたヤマト政権が主体となった政治的統合は各地で急速に進行した。

ヤマト政権と各地の首長の政治関係は、専制的・絶対的なものではなかった。ヤマト政権は各地の首長層から労働力・特産物・資源などを収奪した。その見返りは、神仙思想が付加された奥津城であり、大陸の王朝から下賜された舶載の品々であった。

このように、列島内では貢納と下賜の関係を媒介とした収奪がヤマト政権と各地の首長層との間で貫徹されたのである。

5　前方後円墳の伝播と政治性

初期ヤマト政権は、各地の首長らと軍事権・外交権をめぐる政治同盟を結び、その頂点となった証として創出したのが前方後円墳という巨大な奥津城であった。しかし、当初、前方後円墳は畿内とその周辺部の域を出なかった。しばらくすると、その範囲は東日本から西日本の広範囲な地方へと拡大した（図41）。地方の首長らにとって、前方後円墳はヤマト政権から認知された結果とみなされた。

その背景には、初期ヤマト政権を構成した支配者層が列島各地の首長層がもっていた支配願望を巧みにとり込んだということがある。地方の首長らは初期ヤマト政権の権威を背景に地方支配を確立するが、その一方でヤマト政権は汎列島規模の支配権の確立を強力におし進めた。

他方で、受け入れ側の地方の首長間にも力量の格差があったようで、それは奥津城（前方後円墳）の規模・威信財の内容・祭祀の格差などに差別化して現れた。

このように前方後円墳の地方への拡散は、政治と宗教がセットとして下賜されたことを意味している。それは地方の首長たちがヤマト政権に服属した結果であった。

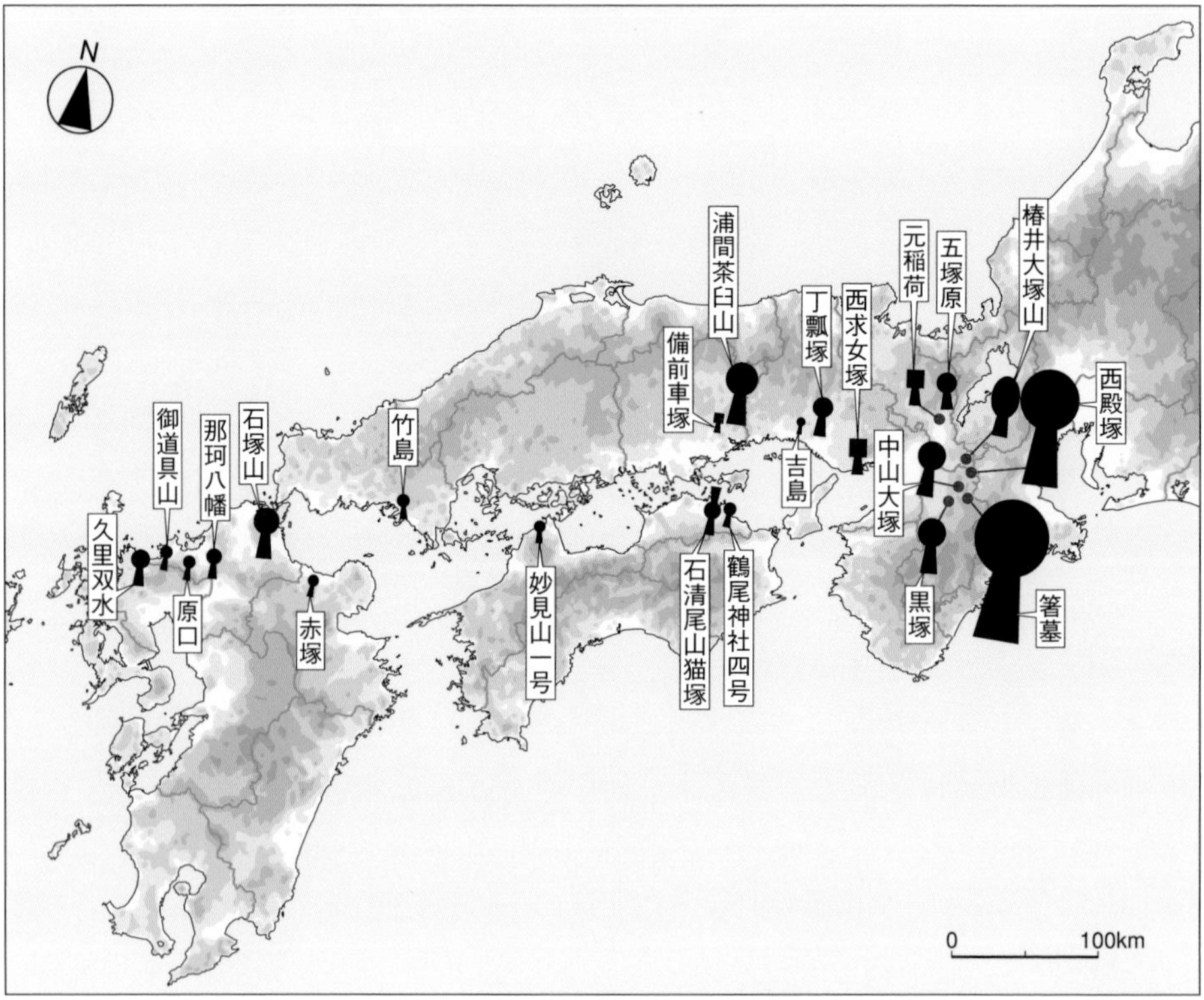

図41 ● 西日本における出現期の主要前方後円（方）墳の分布

第５章　筑紫政権からヤマト政権へ

1　筑紫連合政権の盛衰

弥生社会の王の痕跡

紀元前一世紀から紀元後三世紀の日本列島では、国々が樹立し（図42）、国家形成へと歩みはじめていた。それらの国々が大陸の王朝と政治的外交をもちはじめた時代でもある。

初期筑紫連合政権を担った倭の首長らは中国文物、とりわけ銅鏡に高い価値を見いだし、積極的に中国王朝に朝貢して鏡を獲得した。そして、従属する人びとに鏡を下賜することによって政治的秩序を手に入れた。

『後漢書《ごかんじょ》』東夷伝《とういでん》には「建武中元二年（五七）、倭の奴国、貢を奉じて朝賀す。使人自ら大夫と称す。倭国の極南界なり。光武、賜うに印綬を以てす」とある。同書の光武帝本紀にも、建武中元二年春正月に「東夷の倭の奴国王、使を遣り奉献す」と記されている。これは、倭の使者が後漢の都洛陽《らくよう》に行き、正月の儀式に参列して光武帝《こうぶてい》から印綬《いんじゅ》を賜ったことを示している。これが「漢委奴國王」の五文字が彫られた、福岡市志賀島で発見された著名な金印のことである（図43）。

紀元後一世紀まで、初期筑紫連合政権とよばれる北部九州がその中心であった。北部九州に樹立していた国々は、甕棺墓《かめかんぼ》という共通する墓制の文化圏を形成していた。そのなかで、盟主たる人物の墓が「奴《な》」「伊都《いと》」の二大王墓であった。紀元前一世紀末ごろの奴国王の墓が春日市の須玖岡本《すぐおかもと》遺跡であり、伊都国王墓と目されるのが糸島市の三雲南小路《みくもみなみしょうじ》遺跡である。この両墳墓は、三〇面以上の前漢鏡や天のシンボルと目されるガラス璧《へき》（図45）をはじめとして豪華な副葬品を保持していた。なかでも伊都国王墓が副葬していた金銅製の四葉座金具《しようざかなぐ》（図44）は、前漢の皇帝が

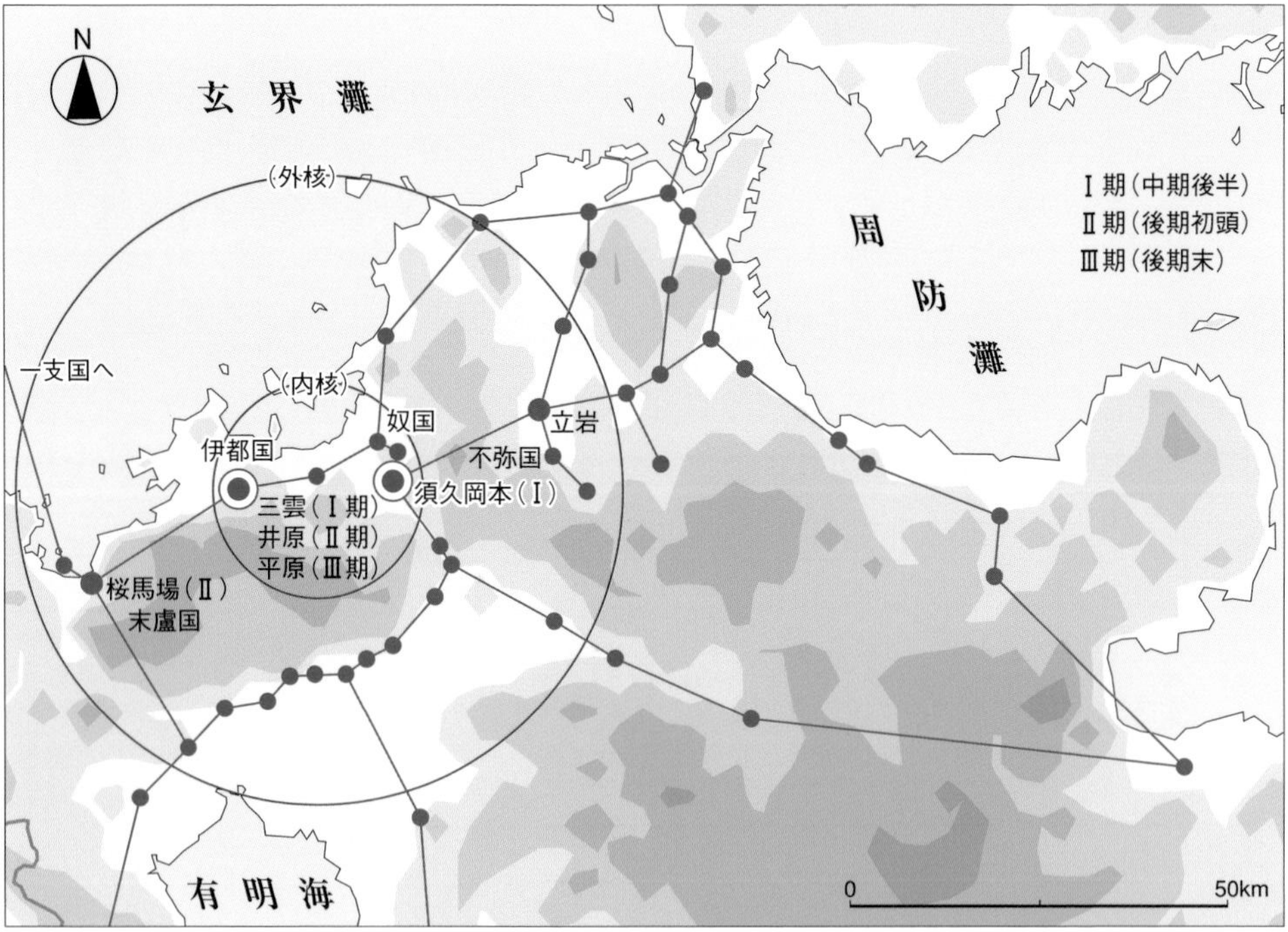

図42 ● 紀元前1世紀ころの北部九州の「国々」（●印は拠点集落）

図 44 ●三雲南小路遺跡出土の四葉座金具

図 43 ●志賀島から発見された金印

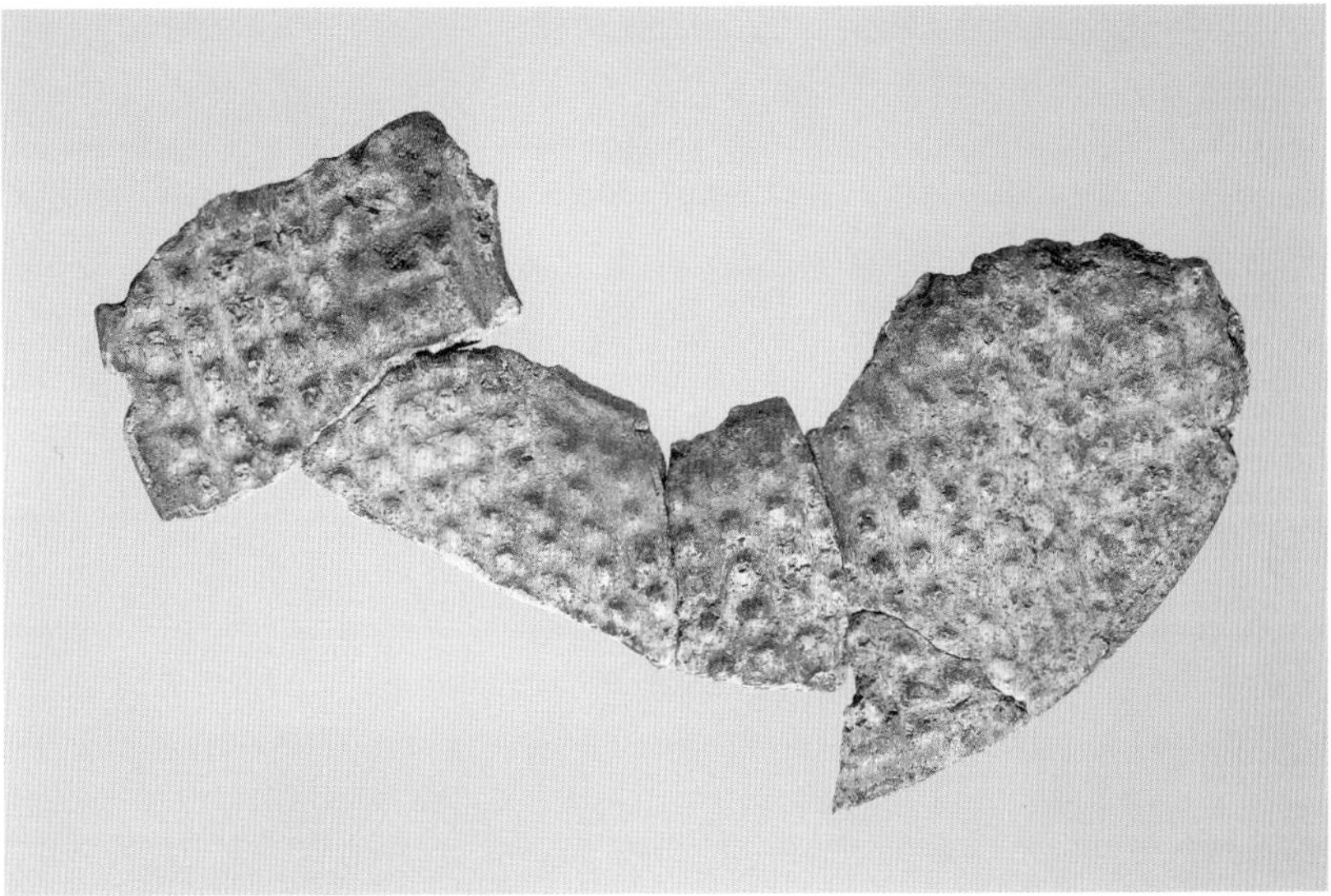

図 45 ●三雲南小路遺跡出土のガラス壁

倭国の国の王と認め、朝鮮半島の楽浪郡《らくろうぐん》を通じて下賜した木棺の飾り金具であった。

この二大盟主は威信財としての銅鏡を多数副葬していて、その威厳を誇示している。おおむね、この二大盟主を中核とし、他の国々が結集する首長連合のような階層的序列があった。後に石塚山古墳が築造される豊前地方の首長らも、この首長連合の周辺に属していた。

後漢王朝の衰退と倭国大乱

さて、一世紀後半に甕棺が衰退するころになると、北部九州の二大盟主にもややかげりがみえる。そして、二世紀になるとしだいに政治的求心力を失っていくことになる。

その背景には、大陸の後漢王朝が急速に衰退していくことがある。二世紀に入ると、後漢王朝は、内に外戚《がいせき》・宦官《かんがん》の専横によって政治が乱れ、外には西の羌《きょう》族や東北の鮮卑《せんぴ》族などの周辺民族があって、相ついで侵寇してきた。『後漢書』東夷伝の序文は、「永初におよんで難多く、始めて入りて寇鈔す。桓・霊、政を失いて、漸《ようや》くますますぞろなり」と記している。同じように『魏志』韓伝は「桓・霊の末、韓・濊《わい》は彊盛《きょうせい》にして、郡県は制するあたわず、民は多く流れて韓国に入る」と伝える。

この後漢王朝の求心力の低下は、後漢王朝の権威を後ろ楯にしていた倭人社会にも影響をおよぼすことになる。三世紀に書かれた『魏志』倭人伝は、「その国、もとまた男子を以て王となし、住《とど》まること七、八十年。倭国乱れ、相攻伐すること歴年」と、倭国では男子の治世が七、八〇年つづいた後、長年にわたり激しい内乱が発生したことを記している。

この『魏志』にもとづきながら五世紀に書かれた『後漢書』倭伝には、「桓・霊の間、倭国大いに乱れ、こもごも相攻伐し、歴年主なし」と記し、倭国の内乱の時期を桓帝・霊帝の在位した一四六～一八九年に比定している。

2　ヤマト政権の台頭

邪馬台国は初期ヤマト政権

この倭国大乱を経て急速に台頭し、北部九州の初期筑紫連合政権を凌駕するようになったのが、邪馬台国を盟主として連合政権のかたちをとる初期ヤマト政権であった。

三世紀中ごろの日本列島のことを記した『魏志』倭人伝には、三〇の国名が見えている。同書は、「倭人の国は帯方郡の東南大海の中にあり、山島によって国邑をなしている。（前漢代には）百余国に分れていたといい、漢代に朝見するものがあった。いま使訳通ずる所三十国である」と述べる。

邪馬台国の女王卑弥呼は、景初三年（二三九）六月に大夫難升米《なんしょうまい》らを帯方郡に遣わし、魏に朝見を願い出た。その年の一二月、魏の皇帝は詔書を下した。はるばる海の彼方から使いを送ってきた卑弥呼を「親魏倭王」に冊封したうえ、とくに織物類のほかに金八両（約一一〇グラム）、五尺刀（約一二〇センチの刀）二口、銅鏡一〇〇枚、真珠と鉛丹《えんたん》（水銀朱）それぞれ五〇斤（約一一キロ）を賜与したと伝える。そして「還り到れば録受し、悉《ことごと》く以て汝《なんじ》が国中

図 46 ● 魏の都洛陽から邪馬台国までの行程

の人に示し、国家（魏）汝を哀しむを知らしむべし、故に丁重に汝に好物を賜うなり」と命じた。正始元年（二四〇）は使者がそれらの下賜品を携えて帰国した年にあたる。

倭人伝には、女王の都する邪馬台国までの道程がかなりくわしく記されている。帯方郡より伊都国までは、里（一里は約四三五メートル）という中国式の尺度によっている。しかし伊都国より投馬《とうま》国へは水行二〇日、投馬国より邪馬台国へは水行一〇日、陸行一月と記している。これは倭人が中国式の尺度ではなく、一日の日程で距離をあらわしたものを魏の使が伊都国で聞いたもので、投馬国、邪馬台国までの道程は見聞の日程のみで、その道程の記載がない。また邪馬台国そのものの記事も観察というより見聞であろう。魏の使は、伊都国までは確実に来ているが、それから先は謎の部分が多い。

実際に観察した記事と聞いた記事を、倭人伝ではそのまま叙述のなかに組み入れており、これを同一次元で解釈しようとするところに、邪馬台国の所在についての混乱が生じているといってよい。なお、邪馬台国から魏の都、洛陽までの行程は、図46に示した。

初期ヤマト政権と前方後円墳

さて、三世紀前半の初期ヤマト政権は、卑弥呼のカリスマ性に依存する寄り合い政権であった。外に狗奴《くな》国と対立するなど、政権の内外はきわめて不安定な情勢にあった。このような情勢のなかで、卑弥呼はその権威を誇示するために魏の威信を背景とした。その威信を担ったのが、魏より下賜された神獣鏡・画文帯神獣鏡や武具などの威信財であったと推察される。ことに画文帯神獣鏡は各地の首長らに分配されたが、まだ少なかった。

卑弥呼の晩年、三角縁神獣鏡が分配される段階に前方後円墳を頂点とする古墳の規格が整い、初期ヤマト政権は著しく伸長を見せた。そのことに合わせて前方後円墳の分布と三角縁神獣鏡は、それ以前の分布圏を越えて東西に広がった。

その後、首長連合を凌駕したヤマト政権は、中国王朝の文物を独占的に入手し、それを従属した首長らに分配するとともに、三世紀中ごろには前方後円墳を頂点とする階層的墓制を確立した。あわせて中国王朝から手に入れた威信財を分配することによって政治的主導権を握ったのである。

3　豊前地方の首長墓群

こうして奈良盆地で成立したヤマト政権の勢力は、若干の時をへて北部九州におよんだ。ヤマト政権は、大陸との掛け橋であった北部九州を重要視していた。この地方は対外交渉の窓口という地理的条件下にあって、初期ヤマト政権が積極的に関与した痕跡がある。なかでも瀬戸内海の西、北部九州の東部に位置する豊前地方がそれに該当する。

では、豊前地方には石塚山古墳のほかに、どのような古墳があったのだろうか。豊前地方の前方後円墳は、周防灘に面した河川流域や盆地を中心として分布する傾向にある。北から曽根《そね》平野・田川《たがわ》盆地・京都平野・山国川《やまくにがわ》西岸・宇佐《うさ》平野の駅館川《やっかんがわ》東岸などが、それである（図47）。

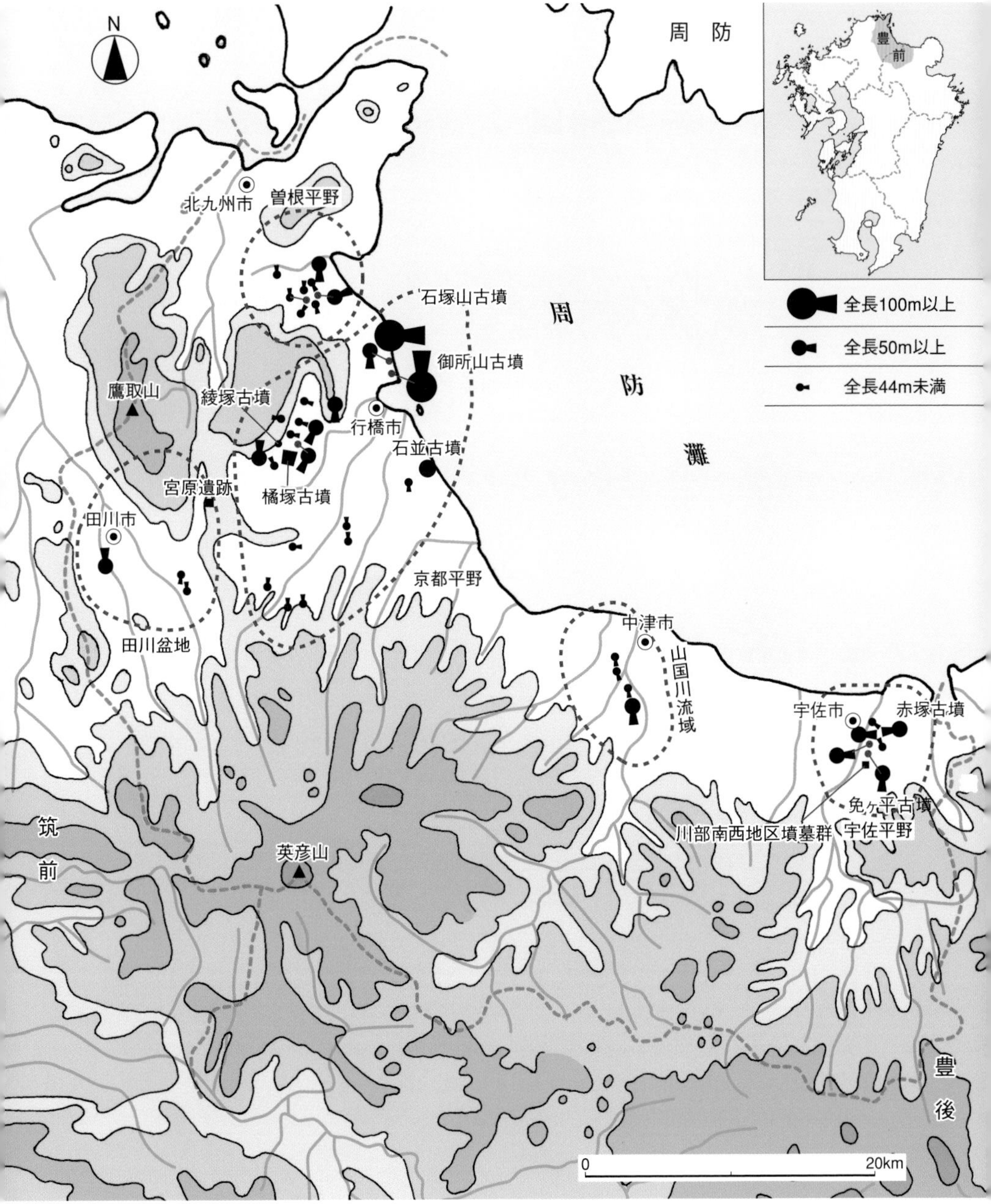

図 47 ● 豊前地方主要古墳分布図

曽根平野

曽根平野は周防灘に面し、現在の北九州市小倉南区に該当する。山崎八《やまざきはち》ヶ《が》尻《しり》墳丘墓（一三メートル）は前方後円形を呈し、御座《おんざ》一号墳（全長二二メートル）は三角縁獣帯文三神三獣鏡片を副葬する。

平野中央部では在地豪族の五世紀後半からの上《うえ》ん山《やま》古墳（全長五〇メートル）・茶毘志山《ちゃびしやま》古墳（全長五四メートル）・畠山古墳（全長四四メートル）・両岡様《もろおかさま》一号墳（全長二七メートル）・観音寺山《かんのんじやま》古墳（全長二二メートル）などの系譜、それより新たな系譜の荒神森《こうじんのもり》古墳（全長六八メートル）・丸山《まるやま》古墳（全長四〇〜五〇メートル）・円《えん》光寺《こうじ》古墳（全長四三メートル）などの二つの前方後円墳の首長系譜がある。

田川盆地

遠《おん》賀《が》川《がわ》中・上流域の田川盆地では主体部を箱式石棺墓とする位登《いとう》古墳（全長五二メートル）がある。これに先行する墳丘墓と目されるのが宮原《みやばる》遺跡である。遺跡の主体部は、箱式石棺墓四基とする。成人用と目される主体部二基から計四面の後漢代作製の鏡と小形倭製鏡が出土している（図48）。

中期の首長系譜としては帆立貝式前方後円墳の猫迫《ねこさこ》一号墳（墳長三八メートル）とセスドノ

図48 ● 宮原遺跡出土の内行花文鏡群
右：船載鏡、左上：倭製鏡、左下：船載鏡。

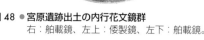

古墳（径二七メートル）がある。終末期になると金辺《きべ》川流域に首長墓は移動して、その最大規模のものとして伊方《いかた》古墳が知られる。他方で彦山川《ひこさんがわ》流域の六世紀代の小形前方後円墳としては、狐塚《きつねづか》古墳・岡山古墳が知られる。

京都平野

京都平野では、古墳時代になると海岸線に石塚山古墳に象徴される大型の前方後円墳が築造され、次いで五世紀代になると北部九州屈指の規模を誇る御所山《ごしょやま》古墳（全長一一九メートル）が築造される（図49）。古墳の周囲の周溝には現在も水をたたえ、主体部に筑肥地方の影響がうかがえる。

ほかにも墳形を帆立貝式《ほたてがいしき》前方後円墳とする石並《いしなみ》古墳（全長六八メートル）や五世紀末の番塚《ばんづか》古墳（全長五一メートル）が築造される。

それ以後になると首長墓の系譜は、京都平

図49 ● **御所山古墳航空写真**（南側から）
豊前地方最大級の前方後円墳で、周溝に水をたたえる。

図 50 ● 橘塚古墳（上）**と綾塚古墳**（下）
両古墳は巨石古墳として知られ、橘塚は方墳、綾塚は円墳。
綾塚の奥室に家形石棺がある。

野北部の内陸部に移動する。大型の前方後円墳としては、八雷《はちらい》古墳（全長七八メートル）・扇《おうぎ》八幡《はちまん》古墳（全長五九メートル）・庄屋塚《しょうやづか》古墳（全長八二メートル）などである。これらの大型前方後円墳とは別に、小河川を単位として四十メートル未満の小形の前方後円墳が十数基ある。

六世紀後半以降になると巨大な横穴石室をもつ橘 塚《たちばなづか》古墳（四〇×三九メートルの方墳）・綾《あや》塚《づか》古墳（径三〇～四〇メートルの円墳）（図50）などが知られる。

それとは別系譜の首長墓として平野南部の甲塚《かぶとづか》古墳（四七×三六メートルの方墳）や彦徳《けんどく》古墳（二九メートルの円墳）などの首長墓も知られる。なお、後代になると平野南部には豊前国の国府・国分寺などがつくられる。

山国川西岸

大分県との県境を北流する山国川下流の西岸の中心に大型古墳が分布する。前方後円墳は四世紀代の能満寺《のうまんじ》三号墳（全長三三メートル）・西方《さいほう》古墳（全長約六〇メートル）、五世紀の楡生《にりょう》山《やま》古墳（二〇メートル）などがある。古墳時代終末期の大型円墳としては、線刻壁画を有する穴《あな》ヶ《が》葉《は》山《やま》古墳（径二三メートル）などが知られる。

宇佐平野

宇佐平野は駅館川東岸に集約する傾向をみせ、古墳時代を通じてリードした宇佐国造《うさこくぞう》の墳墓と目される前方後円墳が六基集中する。これを宇佐郡域の首長墓系譜の特徴とするが、駅館川の上流域や下流域を本拠地とする集団の集合体と考えられている。

当地区内に分布する首長墓系譜の最古は赤塚古墳（全長六〇メートル）である（図51）。この古墳の主体部は箱式石棺とし、副葬品として三角縁神獣鏡が五面出土している。

北部九州最古の前方後円墳のひとつとして知られ、ヤマト政権の影響を強く受けた赤塚古墳に先行する墳墓が、近年川部南西地区で発見された（図52）。同墳墓群の中核をなすのが周溝墓（一七×一三メートルの方形の墳丘墓で、幅三メートルの周溝をめぐらせる）で、周溝の外に造られた墳墓とは、明確に分けられ区別される。

周溝内の主体部は、多数の箱式石棺墓と石蓋《いしふた》土壙《どこう》墓《ぼ》の計一一基からなる在地系の、いわゆる多槨の特定集団墓である。祭祀に使用された土器などから弥生終末期に属し、墳丘墓（一部に墳丘を有するため）である。中心と目される二号主体部（箱式石棺

図51 ●赤塚古墳

図 52 ●**川部南西地区墳墓群**
方形周溝墓と主体部（箱式石棺墓群など）

図 53 ●**免ヶ平古墳主体部**
左：箱式石棺墓、右：竪穴式石槨墓。

墓）には、銅鏡・武具・工具などの威信財も副葬されている。

上記したことなどから、駅館川東岸に築造された宇佐国造の前方後円墳以前の首長クラスの墳墓が、この墳丘墓であろう。

補足であるが、前述した田川郡宮原遺跡の墳墓などと合わせると、北部九州の初期前方後円墳築造以前の首長クラスの墳墓は、このような墳丘墓であったことを示唆している。

赤塚古墳に続くのが免ヶ平《めんがひら》古墳（全長五〇メートル）である。同一の墓壙内には主体部が二基あって一号主体を竪穴式石槨、二号主体を箱式石棺とする（図53）。一号主体内には銅鏡二面・装身具・武器・工具などを副葬していた。二号主体内からは、銅鏡・装身具の副葬品とともに女性人骨を検出している。このことは、男女が同一古墳に埋葬されていたことを示唆している。

それに続くのが福勝寺古墳（全長七八メートル）→車塚古墳（全長五八メートル）→角房《かくぼう》古墳（全長四一メートル）、そして六世紀前半代築造の鶴見《つるみ》古墳（全長三〇メートル）を終末とする。このほかに、平野部に大型円墳として葛原《くずはら》古墳（径五六メートル）が知られる。

4　九州の盟主としての石塚山古墳

北部九州の要

北部九州で築造された初期前方後円墳は規模・副葬品の内容以外に、葬送儀礼が石塚山古墳とは大きく異なる。北部九州を代表する豊前地方の宇佐市赤塚古墳は在地系の箱式石棺墓、筑前地方の筑紫野市原口古墳が木棺墓である。このことは、葬送儀礼の中核をなす納棺儀礼が欠落していることを示唆する。

つまり、石塚山古墳は、ヤマト政権の中核をなす前方後円墳と同等の葬送儀礼を実施したことを示す九州最大・最古の定型化した奥津城である。石塚山古墳の被葬者が、多量な三角縁神獣鏡の分配を受けた背景には、北部九州が朝鮮半島から大陸へと続くルートとして重要視されていたからにほかならない。その象徴が瀬戸内海の東に位置する豊前地方で、その海岸線近くに築造された石塚山古墳であった。

岡村秀典のいうように三角縁神獣鏡の配布が一元的であったとしても、多量な鏡の分配を受けた石塚山古墳の被葬者は、１・２号鏡（同笵鏡）から次のようなことが指摘できないだろうか。すなわち、多くの同笵鏡の分配を受けた被葬者は、自分のところに二面残し、他は赤塚古墳や原口古墳の被葬者に分配したという図式である。

石塚山古墳は、明確に北部九州がヤマト政権に組み込まれた結果を示す最初のできごとであった。その年代は、出土遺物などから三世紀末ごろの築造と推察される。それは三世紀中ごろに、定型化した前方後円墳として最古で最大規模の奈良県の箸墓古墳（全長二七六メートル）、ついで築造された兵庫県の西求女塚古墳（前方後方墳、全長約九八メートル）、やや後れて築造された京都府の椿井大塚山古墳（前方後円墳、全長約一八四メートル）や奈良県の黒塚古墳（前方後円墳、全長約一三〇メートル）に近い時期に該当する。

その規模は椿井大塚山古墳・黒塚古墳につぐかそれに匹敵し、十数面の三角縁神獣鏡をはじめとして多彩な威信財を副葬していた。この北部九州に築造された石塚山古墳は、畿内中枢の黒塚古墳、椿井大塚山古墳などと密接な関係をもっていたといえる。

「中間首長」としての石塚山古墳の被葬者

このような北部九州における石塚山古墳の際立った位置は、その被葬者がヤマト政権から重要視されていた結果で、九州の盟主に近い人物であったことを示唆している。石塚山古墳の被葬者は、ヤマト政権を頂点とする古代社会の「中間首長」であったといえる。

ヤマト政権と北部九州の首長たちとの関係は、律令国家ほど厳密な体制ではなく、比較的ルーズな関係にあったと私は考えている。そのルーズな体質のなかにあって、石塚山古墳の被葬者はヤマト政権にきわめて近しく、かつ密接な関係にあったと思われる。

石塚山古墳の被葬者は北部九州の東北部に本拠をおき、その役割はヤマト政権のために大陸と朝鮮半島間のルートを確保することであり、ヤマト政権にとっては重要人物であったと容易に推察される。

ヤマト政権の拡大政策のなかで、筑紫連合政権があった北部九州を抑えるための橋頭堡《きょうとうほ》として、また朝鮮半島と大陸間のルート確保としての政治的意味を担ったのが石塚山古墳である。その被葬者は、九州の東・北部の首長と目される豊前赤塚古墳、筑前原口古墳、同那珂八幡古墳の被葬者の上位に君臨した人物であったといえよう。

5　初期国家形成の時代

初期前方後円墳の時代

日本列島は大陸文化の影響を受けた稲作農耕文化の定着以来、物の剰余がしだいに蓄積していった。それにともなって、物・人・情報のネットワーク社会が具体的に形成された。ネットワークを母体とした社会は、国家形成と表裏一体の関係にあった。国家形成期は、剰余物の収奪を不可欠とした。以下、その形成過程の一端を述べておこう（図54）。

第一段階は首長連合の枠を越えることなく、まだ宗教的な統合はなかった。ついで第二段階になると、第一段階の枠を越えて領域が拡大し、経済的な収奪の関係は貢納と下賜を媒介とした。あわせて、宗教的な統合が認められる。第三段階になると経済的収奪は、一方的なものとなった。

初期前方後円墳の時代とは、首長連合終焉直後、つまり第二段階の初期ヤマト連合政権が誕生した直後のことである。そのヤマト連合政権の一翼を担ったのが、石塚山古墳である。

初期国家形成の過程

日本列島に国々が成立したころ、その範囲は海や山河に規制を受けて範囲が狭く、比較的規制の少ない墾田を保持していたと推察される。そのため個々の共同体内部においては、割合平等に個々の領有域を保有していた。このことは、内閉性と自主性を保持する結果となっていた。

国々の首長たちは、耕作田の狭さや島国的条件などから、中国大陸のような大規模な灌漑工事や運河による交通整備を必要としなかった。自然がしつらえた海上交通路は、どんな運河を経由するより迅速で、いたるところで内陸部との通行を可能とした。だから国々の首長たちは、大規模土木工事の開拓を担う必要がなかった。このことは彼らにとって喜ばしいもので、その徭役労働を墳墓などの宗教施設へと傾斜しうる傾向を内在していた。

北部九州に林立していた国々の首長らは、個々が独立した小世界を保持していた。その首長らは対等か、それに近い関係で、首長連合に等しい関係を保持していた。首長連合の首長らは、厚葬に深く傾斜していた。その厚葬には舶載された品々が不可欠で、とくに銅鏡をいたく好んだふしが垣間見える。

その品々は、首長連合をリードしていた盟主によって、彼の地からもたらされた。そして彼らは、輸入した舶載の銅鏡に象徴される品々を配布させることに、その力量を発揮した。その象徴が北部九州に君臨した伊都国と奴国の二大盟主である。

盟主から舶載の品々をゆずり受けた地方の首長らはその見返りとして、剰余物をさし出すことと、首長連合を保持することに力をそそいだ。この

段階	共同体像	収奪の関係	共同体
第1段階	それぞれの共同体のリーダーが独立した小世界を保持。それぞれのリーダーは対等か、それに近い場合。	対等か、それに近い関係。	首長連合
第2段階	共同体のリーダー相互の力量に相対的な関係が認められる場合。	力量の強いほうが、緩やかな収奪をおこなう。その見返りとして、宗教的・文化的な下賜と統合がおこなわれる。その他に、劣勢な共同体には支配権の楔が打ち込まれる。	ヤマト政権
第3段階	相互の共同体間に決定的な力量の格差が認められる場合。	収奪される側のリーダーが、地方で官僚化する。	律令国家

図 54 ● 国家形成過程図

舶載品の配布と剰余物の収奪の構図こそが、首長連合を維持する構図であったと推察される。

他方でわが国の民は、大陸の諸民族とは大きな異なりがあった。地理的条件などから海辺の漁撈や海運に携わっていた海部と農耕民や狩猟民は、容易に転化する多層性を保持していた。

この多層性と未熟な体質が、卑弥呼のような祭祀者が名目的に神格化される要因となった。しかし、実質的な行政力や政治支配は、祭祀者がつかさどるのではなく、別の人格が握っており、この独特の構図は、この多層化と未熟性から生み出されたものであった。

初期国家形成の基盤

わが国の初期国家体制は、先にいった首長連合の上部に重層化したことがうかがえる。その場合、下部の共同体をさして壊さなかった。重層化した社会の下層のところでは、土器に見られるような画一化も進んだ。つまり墳丘上で実施される葬送儀礼中で、最後の墓上祭祀に多用された複合口縁壺形土器は、他方で一般の集落や小規模古墳から出土する。

このことは、当時の人びとの生活基盤であった共同体（集落）の下層部のところまで、同質の文化が浸透していたことを示唆している。このように、わが国の国家形成期は、共同体の下層部のところまで統合するような形で進められたのである。つまり、共同体を構成していた上層部から下層部までが同質の文化に染め上げられた時代でもある。

首長連合の首長らは、大規模な灌漑工事や運河を開拓するかわりに、共同観念に属するものに関して複合した観念の運河を掘り進めざるをえなかった。その観念の運河は錯綜していて、法的国家へ向かう回路、政治的国家へ向かう回路、宗教的国家へ向かう回路であった。その共同観念の運河を通じての経済的収奪は、よほど巧みにたどらなければ到達しえなかった。そのことを可能にしたのが大規模な土木技術を投入した奥津城（前方後円墳）と、その上で実施された葬送儀礼であった。

さて、稲作農耕文化の導入以来しだいに高揚をみせた厚葬の思想は、大規模な土木工事を投入し前方後円墳として結実された。巨大な前方後円墳の築造の背景には、畿内を中核とした部族連合の統合文化ともいえるものが垣間見える。言いかえれば、前方後円墳は初期ヤマト政権が各地の首長たちと軍事権・外交権などをめぐる諸問題に関して政治同盟を結び、その頂点に立ったことを視覚的に誇示するための政治的記念碑として創出されたのである。つまり前方後円墳は、最初から一定の完成された政治的システムとして具現化された。

記念碑たる奥津城の上で実施されたのが葬送儀礼、その葬送儀礼に使用された品々が威信財で、この記念碑、儀礼、威信財の三点セットがこの時点で完成した。葬送儀礼とは、王が神に登華する階段でもあった。そして畿内を中核とした連合体は、独占的に大陸の皇帝と直接交渉し、みずから必要とした文物を大量に入手したことがうかがえる。それらの文物は神仙思想が内在した銅鏡や首長の権力基盤を誇示するための武具であり、異例ともいえる威信財としての高い価値を付加させた。

三点セットの分布と配布は、それを受けた地方の首長たちの力量に応じて格差があったことがうかがえる。その三点セットの分布と配布を通じて、畿内を中核とした初期ヤマト連合国家

＝ヤマト政権としての基盤が完成したのである。三点セットの分布と配布から、この時代に具体的な階層的社会が完成したようである。それは、他方で大和を中核とした文化と文明を統合した、日本列島最初のできごとで、列島内が同質の文化に染まったことをも意味している。

そのような初期国家形成過程のなかで瀬戸内海の西、九州の北東部に位置する石塚山古墳が畿内文化の三点セットを保有する意味は重い。

石塚山古墳以後の北部九州

石塚山古墳に被葬者が埋葬されて以後、四世紀後半になると、威信財である舶載と倭製の三角縁神獣鏡の分布から、北部九州の政治権力と祭祀は、前代に伊都国と称された地域に築造された一貴山銚子塚古墳（全長約一〇

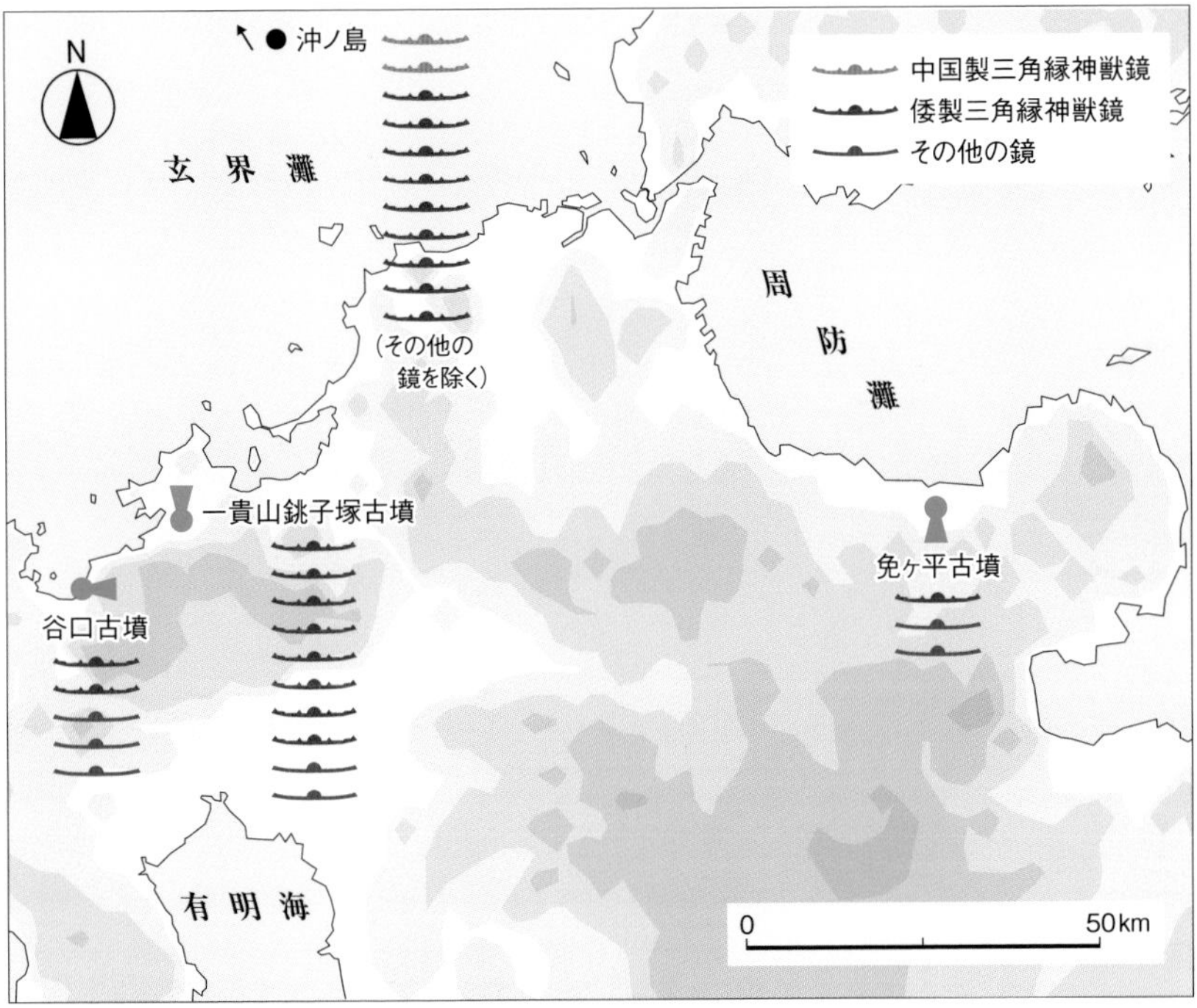

図55 ● 北部九州における4世紀後半の鏡出土の主要遺跡
一貴山銚子塚古墳と沖ノ島で鏡の出土が多いことがわかる。

三メートル、後円部三段・前方部二段）、それに古墳時代に急速に台頭した宗像氏が君臨した沖ノ島に象徴される祭祀に移行したことがうかがえる（図55）。

一貴山銚子塚古墳は北部九州随一の規模を誇り、後円部の主体部からは後漢鏡二面と倭製の三角縁神獣鏡八面など多くの器物が出土している。後者の「神宿る島」とも称される宗像沖ノ島の祭祀に使用された遺構からは舶載三角縁神獣鏡二面と倭製三角縁神獣鏡九面が現存しており、文字どおりヤマト政権が主導する国家祭祀が挙行されていたことを示唆する。以後、国家規模での祭祀は宗像氏が独占的に進めるようになるが、その「海の航海」を祈る祭祀は古代まで継承されることになる（沖ノ島と関連遺産群が二〇一七年、ユネスコの世界文化遺産に登録された）。

右の記したことを考慮すると、四世紀後半代には、ヤマト政権が主導する北部九州の政治権力は一貴山銚子塚古墳の被葬者へ、他方で大陸との航海の安全を祈る国家祭祀は宗像沖ノ島へと移行したと考えられる。つまり、北部九州は政治権力、それに祭祀権力を掌握される二重構造へと化した。そのことを傍証する手がかりが、前述した威信財システムとして重要な意味が付加された舶載と倭製の三角縁神獣鏡群や武具・武器などの器物に読みとれるのである。

主な参考文献

秋本吉郎校注『風土記』日本古典文学大系2　岩波書店、一九五八年

近藤義郎『前方後円墳観察への招待』青木書店、二〇〇〇年

岡村秀典『三角縁神獣鏡の時代』吉川弘文館、一九九九年

奈良県立橿原考古学研究所（編）『黒塚古墳調査概報』学生社、一九九九年

奈良県立橿原考古学研究所（編）『ホケノ山古墳調査概報』学生社、二〇〇一年

佐々木憲一『未盗掘石室の発見・雪野山古墳』シリーズ「遺跡を学ぶ」8、二〇〇四年

都出比呂志（編著）『古墳時代の王と民衆』（『古代史復元』第六巻）講談社、一九八九年

樋口隆康『三角縁神獣鏡綜鑑』新潮社、一九九二年

苅田町教育委員会（編）『石塚山古墳発掘調査概報』苅田町文化財調査報告書第九集、一九八八年

長嶺正秀（編）『豊前　石塚山古墳』かんだ郷土史研究会発行、一九九六年

櫃本誠一『前方後円墳・墳丘構造の研究』学生社、二〇〇一年

和田晴吾「棺と古墳祭祀「据えつける棺」と「持ちはこぶ棺」」『立命館文学』第五四二号、一九九五年

和田晴吾「墓壙と墳丘の出入口―古墳祭祀の復元と発掘調査―」『立命館大学考古学論集Ⅰ』一九九七年

島田寅二郎「石塚山古墳」『福岡縣史蹟名勝天然記念物報告書　1』一九二四年

梅原末治「豊前京都郡の二三の古墳」『中央史壇　九―六』一九二四年

岡崎敬（編著）『魏晋南北朝の世界』（『図説中国の歴史』第三巻）一九七七年

藤丸詔八郎「三角縁神獣鏡の製作技術について」『研究紀要　Vol.4』北九州市立考古博物館、一九九七年

藤丸詔八郎「三角縁神獣鏡の製作技術について」『研究紀要　Vol.5』北九州市立考古博物館、一九九八年

藤丸詔八郎「史跡・石塚山古墳（福岡県苅田町所在）出土鏡の新たな展開について―『観古集』（第一冊）に収録された書写図の意義―」『平成二六年度　苅田町文化財事業年報　まちの歴史1』苅田町教育委員会、二〇一六年

神戸市教育委員会（編）『西求女塚古墳発掘調査報告書』二〇〇四年

大阪府立弥生博物館（編）『激動の三世紀―古墳誕生の謎―』大阪府弥生文化博物館図録5、一九九一年

写真提供

苅田町　図1・49
苅田町教育委員会　図7〜9・13〜17・22〜29・31・32・34〜38・48・50　長嶺撮影
国土地理院　一九四七年　図6
奈良県立橿原考古研究所　図18・19
福岡市博物館　図43
福岡県教育委員会　図44・45
大分県立歴史博物館　図51・53
大分県宇佐市教育委員会　図52

図の出典

図2・3・10〜12・20・29・39・41・42・47・54・55　長嶺作成
図5　梅原末治『中央史壇』一九二四年一二月号（第九巻第六号）より、一部改変
図4　宇原神社提供
図21　新納泉「権現山鏡群の型式学的位置」『権現山51号墳』一九九一より、一部改変
図30　神戸市教育委員会編『西求女塚古墳　発掘調査報告書』二〇〇四より、一部改変
図33　橋本達也「古墳時代前期甲冑の技術と系統」『雪野山古墳の研究』考察編、雪野山古墳発掘調査団、一九九六より、一部改変
図40　佐々木憲一『未盗掘石室の発見　雪野山古墳』新泉社、二〇〇四より、一部改変
図46　町田章原図　都出比呂志「前方後円墳誕生」『古墳　古代を考える』吉川弘文館、一九八九より、一部改変

石塚山古墳

・福岡県京都郡苅田町富久町1丁目
・JR日豊本線苅田駅より車で3分、徒歩12分
古墳の立地は低い尾根上で、当時の海岸線にきわめて近い。江戸時代に出土した鏡や鏃などは宇原神社に、一九八七年の調査で出土した鏡片や勾玉、管玉などは、苅田町歴史資料館に収蔵されている。

石塚山古墳

御所山古墳

御所山古墳

・福岡県京都郡苅田町大字与原字御所山
・JR日豊本線小波瀬西工大前駅より車で5分
低丘陵上の海岸線に平行してつくられた古墳。前方部は北側を向く。その規模や副葬品から、この古墳に埋葬されたのは、『日本書紀』『風土記』に記された県主、国造クラスの人物と考えられる。

苅田町歴史資料館

・福岡県京都郡苅田町富久町1丁目19―1
・電話　093（434）1982（三原文化会館）
・開館時間　9：00～17：00
・休館日　年末年始
・入館料　無料
・JR日豊本線苅田駅より徒歩12分
常設展は旧石器～中世を中心とし、春と秋には特別展も企画される。

苅田町歴史資料館

遺跡には感動がある

——シリーズ「遺跡を学ぶ」刊行にあたって——

「遺跡には感動がある」。これが本企画のキーワードです。

あらためていうまでもなく、専門の研究者にとっては遺跡の発掘こそ考古学の基礎をなす基本的な手段です。また、はじめて考古学を学ぶ若い学生や一般の人びとにとって「遺跡は教室」です。

日本考古学では、もうかなり長期間にわたって、発掘・発見ブームが続いています。そして、毎年厖大な数の発掘調査報告書が、主として開発のための事前発掘を担当する埋蔵文化財行政機関や地方自治体などによって刊行されています。そこには専門研究者でさえ完全には把握できないほどの情報や記録が満ちあふれています。しかし、その遺跡の発掘によってどんな学問的成果が得られたのか、その遺跡やそこから出た文化財が古い時代の歴史を知るためにいかなる意義をもつのかなどといった点を、莫大な記述・記録の中から読みとることははなはだ困難です。ましてや、考古学に関心をもつ一般の社会人にとっては、刊行部数が少なく、数があっても高価なその報告書を手にすることすら、ほとんど困難といってよい状況です。

いま日本考古学は過多ともいえる資料と情報量の中で、考古学とはどんな学問か、また遺跡の発掘から何を求め、何を明らかにすべきかといった「哲学」と「指針」が必要な時期にいたっていると認識します。

本企画は「遺跡には感動がある」をキーワードとして、発掘の原点から考古学の本質を問い続ける試みとして、日本考古学が存続する限り、永く継続すべき企画と決意しています。いまや、考古学にすべての人びとの感動を引きつけることが、日本考古学の存立基盤を固めるために、欠かせない努力目標の一つです。必ずや研究者のみならず、多くの市民の共感をいただけるものと信じて疑いません。

二〇〇四年一月

戸沢充則

著者紹介

長嶺正秀（ながみね・まさひで）

1951年、島根県生まれ。苅田町教育委員会での埋蔵文化財行政（石塚山古墳、松山古墳群、松山城跡、等覚寺修験道遺跡群、岩屋古墳群、近衛ヶ丘遺跡などの調査、報告書刊行）を担当し退職。但し、2002～05年の間は、苅田町合併50周年記念誌の編集・執筆に従事。1975～87年までは、京都平野の主要な遺跡や古墳（竹並遺跡、前田山遺跡、下稗田遺跡、八雷古墳など）の調査と報告書の刊行に従事。
主な著作　『竹並遺跡』（共著、東出版寧楽社）、『石塚山古墳の謎』（編著、海鳥社）、『豊前　石塚山古墳』（苅田町・かんだ郷土史研究会）、『軌跡　かんだ町の歴史』（編著、苅田町）、『豊前国の松会　その歴史と精神世界』（海鳥社）、『豊前国英彦山　その歴史と信仰』（海鳥社）ほか

シリーズ「遺跡を学ぶ」022
〈改訂版〉筑紫政権からヤマト政権へ　豊前石塚山古墳《ぶぜんいしづかやま》

2005年12月26日　第1版第1刷発行
2020年 9月15日　改訂版第1刷発行

著　者＝長嶺正秀

発行者＝株式会社 新 泉 社
東京都文京区本郷2-5-12
TEL03(3815)1662／FAX03(3815)1422
印刷／太平印刷社　製本／榎本製本

ISBN978-4-7877-2042-9　C1021